# Les Bourbons bibliophiles, Rois & Princes, Reines & Princesses



Eugène Asse

Alpha Editions

This edition published in 2022

ISBN : 9789357098724

Design and Setting By
**Alpha Editions**
www.alphaedis.com
Email - info@alphaedis.com

# LES BOURBONS BIBLIOPHILES
## Rois & PrincesReines & Princesses

*Eugène Asse, bibliothécaire à l'Arsenal, décédé il y a quelques mois à peine, était un passionné du livre. Il l'aimait de toutes les manières, sous toutes ses formes, pour ce qu'il contenait et pour sa décoration extérieure. Sa bibliothèque, généreusement léguée par lui à la ville de Versailles, formait, au point de vue de l'histoire comme à celui des lettres, un ensemble des plus importants et des mieux choisis. Mais s'il ne possédait point sur ses rayons des maroquins armoriés, de provenance célèbre, des reliures des Eve, des Ruette, des Le Gascon, des Derome et des Padeloup, des manuscrits précieux ou des estampes rares.—* Non licet omnibus adire Corinthum—*du moins professait-il pour tous ces trésors un culte respectueux qui confinait à la dévotion. Il fallait voir Asse caresser amoureusement les plats d'une ancienne reliure, tourner les feuillets d'un volume, en examiner les armes ou l'ex-libris, son visage s'illuminait aussitôt. Et si, par hasard, quelque profane s'était permis, en sa présence, de manquer à un livre, vieil ou jeune, des égards qui lui sont dus, Asse devenait terrible, inexorable et le mécréant n'avait plus qu'à s'esquiver.*

*A cet amour du livre, mon regretté confrère joignait une érudition des plus solides et un goût fort délicat. Rien de notre littérature ou de notre histoire ne lui était étranger; le dix-huitième siècle surtout l'avait attiré; il le possédait à fond.*

*Nul plus qu'Eugène Asse, n'était donc qualifié pour écrire l'étude bibliophilique que M. H. Daragon vient de faire entrer dans sa «Collection du bibliophile parisien» et qui y trouve sa place naturelle.*

*Les* Bourbons bibliophiles *parurent jadis dans une revue. Depuis, l'auteur des* Petits Romantiques, *qui avait projeté de réunir ces intéressantes pages en volume, revisa, dans cette intention, son premier travail, le corrigea, le compléta de telle sorte que le livre d'aujourd'hui apparait, non seulement comme une première édition en librairie mais presque comme une édition originale. La mort n'a pas laissé le temps à Eugène Asse de réaliser lui-même son projet et c'est à moi qu'il appartient d'accomplir le vœu de celui qui fut mon collaborateur dévoué et mon ami fidèle.*

*La mission m'est d'autant plus douce à remplir que, tout en honorant la mémoire du consciencieux écrivain, je livre à ses confrères en bibliophilie une étude qui, j'en suis persuadé, ne manquera pas de les intéresser et de recueillir leurs suffrages.*

GEORGES VICAIRE.

## ROIS ET PRINCES

On a compté les grands capitaines, les soldats valeureux que la maison de Bourbon a donnés à la France, depuis Pierre Ier, arrière-petit-fils de saint Louis, qui tomba à Poitiers, jusqu'à Jean II qui vengea son aïeul en battant les Anglais à Formigny; depuis ces deux ducs d'Enghien dont le jeune front fut illuminé l'un par la gloire de Rocroy, l'autre par celle de Cérisoles, jusqu'à l'aide de camp de Dumouriez à Valmy et au vainqueur d'Abd-el-Kader. Nous entreprenons une tâche bien différente, celle d'énumérer les bibliophiles que la maison de Bourbon posséda parmi ses princes. Ils sont presque aussi nombreux que les guerriers, et l'on peut dire que chez eux l'amour des livres le disputa à l'amour des armes, quand ces deux passions ne se partageaient pas également leur cœur.

### I

Il faut remonter jusqu'au XIVe siècle, jusqu'aux anciens ducs de Bourbon, descendants immédiats de Robert de Clermont, pour trouver la première trace de l'amour que ces princes eurent de tout temps pour les livres. Dans la ville de Moulins, capitale de leur duché, ils avaient réuni de bonne heure une riche collection de livres, qui rivalisait avec celle que les rois de France de la maison de Valois commençaient, vers la même époque, à réunir eux-mêmes dans la grosse tour du Louvre. Nous voyons la femme de Louis Ier, Marie de Hainaut, morte en 1354, posséder déjà de beaux livres, et son nom se lit sur un manuscrit du roman de *Lancelot* que possède la Bibliothèque nationale. Mais le véritable fondateur de la bibliothèque des ducs de Bourbon à Moulins fut le petit-fils de cette princesse, Louis II, dit le Bon, qui mourut en 1410, et dont la sœur, Jeanne de Bourbon, épousa Charles V.

Si Raoul de Presles, un contemporain, nous représente le roi de France «estudiant continuelement en divers livres et sciences», le chroniqueur Jean Cabaret nous montre son beau-frère, le duc de Bourbon, se faisant «lire à son disner continuelement les gestes des tres renommez princes jadis roys de France et d'autres dignes d'honneur». Laurent de Premier-fait, qui traduisit pour lui, et sur son désir, les deux traités de Cicéron sur la Vieillesse et sur l'Amitié, l'a loué «d'aimer et hanter les livres» autant que «des hommes raisonnables». D'autres auraient peut-être demandé au roi de France des fiefs et des seigneuries; lui, il lui demandait des livres; c'est ainsi, comme le constate M. Léopold Delisle dans son histoire du *Cabinet des manuscrits de la Bibliothèque nationale*, qu'il se fit donner par son neveu, Charles VI, dont il fut l'un des tuteurs, deux beaux volumes de la librairie du Louvre, un Tite-Live en 1392, et une Bible en 1397. Sous lui, la «librairie» de Moulins devint «d'une des plus belles et considérables» de l'époque. Elle était riche en «nombreux velins couverts de velours rouge et tanné, garnys de fermaux de leton, de boulhons et de carrees.»

Le petit-fils de Louis II, Charles I$^{er}$, qui, bien qu'époux d'Agnès de Bourgogne, fille de Jean sans Peur, embrassa le parti du roi de France contre le parti bourguignon, contribua beaucoup à la paix d'Arras et mourut en 1456, a laissé un magnifique témoignage de son amour pour les livres. C'est le précieux armorial où sont figurés les blasons et les châteaux du Bourbonnais, de l'Auvergne et du Forez, et qu'il fit exécuter par son héraut Guillaume Revel.

Jean II, son fils (1426-1488) et successeur, ne fut pas seulement célèbre par ses victoires de Formigny sur les Anglais, et de Gy sur le comte de Roucy, capitaine de Charles le Téméraire, qui vinrent puissamment en aide à la politique de Louis XI, dont il avait épousé la sœur, Jeanne de France; il aima aussi et protégea les savants.

*Diligit et doctos doctior ipse viros*,

dit un vers de Paulus Senilis. C'est pour lui que fut copié, vers 1480, le bel exemplaire de *la Danse des aveugles* et de *l'Abusé en court*, où figurent vingt-trois écussons de la famille de Bourbon. N'étant encore que comte de Clermont, c'est-à-dire très jeune, il possédait déjà un beau manuscrit italien de *la Divine Comédie*.

Deux frères du duc Jean II, Charles, cardinal de Bourbon, mort en 1488, et Louis, bâtard de Bourbon, amiral de France, mort en 1486, ont droit également au titre de bibliophiles: le premier par *la Complainte de la ville de Lyon* et *l'Evangile grec* qui porte sa devise: N'ESPOIR NE PEUR; le second, par une traduction des *Stratagèmes de Frontin*, et surtout par une *Vie de Jésus-Christ*, par Ludolfe, copiée par Gilles Richard, où se trouve un portrait de ce prince. (Bibl. nat., mss. franç. ancien fonds 177-179).

Au duc Jean II, mort sans postérité légitime, succéda son frère Pierre II, sire de Beaujeu (1439-1503). L'époux un peu effacé de cette Anne de France, fille de Louis XI, si célèbre dans l'histoire sous le nom de dame de Beaujeu, fut un très délicat et très passionné bibliophile, s'il ne fut pas le plus grand politique de sa maison. Il enrichit sa «librairie» de Moulins de la collection remarquable des ducs de Nemours, qu'il avait achetée de Jean d'Armagnac, fils du décapité, avec les comtés de Murat et de Carlat, et, en 1467, à la mort de Philippe le Bon, duc de Bourgogne, son oncle maternel, il sut obtenir quelques manuscrits de la fameuse bibliothèque que ce prince avait formée à Bruges. «Les manuscrits qu'il faisait exécuter, dit M. Le Roux de Lincy, étaient aussi remarquables par la beauté des miniatures qui les décorent que par l'habileté des calligraphes qu'il employait.» Parmi ceux qui sont parvenus jusqu'à nous, il faut citer *l'Histoire universelle*, écrite en 1364 par Mathias du

Rivau, et *les Antiquités*, de Joseph, illustrées de douze belles miniatures de Jehan Fouquet. Ce fut lui aussi qui plaça dans la «librairie» de Moulins une cinquantaine de volumes imprimés sur vélin «en molle», comme dit l'inventaire du temps, chefs-d'œuvre de la typographie naissante. Sur ses livres on voit son écusson aux armes de Bourbon, brisées d'un lionceau de sable sur la partie supérieure de la bande. Plusieurs aussi portent la devise: ESPÉRANCE, écrite de la main de son secrétaire François Robertet. C'est en sa personne que finit la lignée masculine de ces premiers ducs de Bourbon, dont le titre et les biens passèrent à la branche des Bourbons-Montpensier par le mariage de l'héritière de la branche aînée avec Charles III, comte de Montpensier.

Le fameux connétable de Bourbon ne fut pas lui-même sans donner ses soins à l'accroissement de la bibliothèque de ses prédécesseurs, malgré les soucis et les mécomptes d'une politique qui devait lui être fatale. L'éducation très lettrée que lui fit donner la veuve de Pierre II, Anne de France, devenue plus tard sa belle-mère, par son mariage, en 1505, avec la fille de cette princesse, Suzanne de Bourbon, avait contribué sans doute à développer en lui ce goût délicat. Il fit exécuter pour son usage et pour celui de sa femme plusieurs manuscrits. C'est à lui que l'on doit probablement l'idée de ce *Recueil d'emblèmes, de proverbes, d'adages, d'allégories et de portraits, dessins à la gouache et en couleur, accompagnés de devises en prose et en vers*, que fit faire pour lui ce même François Robertet, secrétaire du défunt sire de Beaujeu, frère du fameux Florimond Robertet, ministre des rois Louis XII et François I^er^, et qui fut lui-même, sous Charles VIII, secrétaire et bibliothécaire des rois de France.

Au folio 139 recto de ce volume (Bibl. nat., F. La Vallière 44), on voit le portrait de Charles de Bourbon à cheval, armé de toutes pièces, galopant l'épée haute, tel qu'il était à la bataille d'Agnadel.

Avant d'acquérir par son mariage la bibliothèque des ducs de Bourbon à Moulins, Charles de Bourbon possédait en propre celle que les comtes de Montpensier avaient réunie à leur château d'Aigueperse, et qui s'était elle-même enrichie de plusieurs volumes des comtes de Clermont et de Sancerre ornés de leurs armes: *au 1 et 4 d'or au dauphin d'azur; au 2 et 3 d'azur à la bande d'argent côtoyée de deux cotices potencées et contre-potencées d'or, avec un lambel de gueules à trois pendant sur le tout.*

L'on sait comment la révolte du connétable de Bourbon amena en 1523 la confiscation de ses biens. La «librairie» de Moulins fut comprise dans cette confiscation. Après avoir été soigneusement inventoriée par Pierre Antoine, commissaire du roi, en présence de Mathieu Espinette, chanoine de Moulins, garde des livres du duc de Bourbon, elle fut réunie à celle du roi, déposée alors au château de Fontainebleau. C'est de là que nous sont parvenus les soixante-seize manuscrits splendides que M. Léopold Delisle signale parmi ceux de la Bibliothèque nationale comme ayant appartenu aux anciens ducs de Bourbon.

Aux Bourbons-Montpensier, descendants de Jean Ier, duc de Bourbon, et de Marie de Berry, éteints en la personne du connétable de Bourbon, succédèrent, comme chefs de la maison de Bourbon, les Bourbons-Vendôme, issus eux-mêmes de la branche des comtes de la Marche dont l'origine remontait à Louis Ier, premier duc de Bourbon, fils de Robert de Clermont. C'est de Charles de Bourbon, comte, puis duc de Vendôme en 1515, mort en 1537, et de François d'Alençon, que descendent, par son fils Antoine de Bourbon, roi de Navarre, toutes les branches de Bourbon qui subsistent aujourd'hui, et par son autre fils, Louis de Bourbon, prince de Condé, les branches éteintes de Condé, de Soissons et de Conti.

Les Bourbons-Vendôme, eux aussi, aimèrent les livres et en formèrent de belles collections. Telle fut celle du château de Vendôme, dont le domaine était entré dans leur maison, dès 1364, par Catherine, comtesse de Vendôme, femme de Jean Ier de Bourbon, comte de la Marche. Antoine de Bourbon, devenu roi de Navarre par son mariage avec Jeanne d'Albret, l'enrichit sans doute d'une partie des livres des anciens souverains de Béarn. Le Père Jacob, dans son *Traité des plus belles bibliothèques*, affirme en effet, après La Croix du Maine, que la bibliothèque des rois de Navarre «était autrefois conservée à Vendôme». Ce qui est certain, c'est que son frère, le célèbre cardinal de Bourbon que les ligueurs firent roi sous le nom de Charles X, et qui mourut en 1590, fut un des plus passionnés collectionneurs de livres du XVIe siècle. «Il a laissé, dit le même Père Jacob, cette mémoire à la postérité d'avoir été le plus grand amateur des gens de lettres et de livres qui fut en son temps.»

Ses livres, qui étaient «excellemment reliés en maroquin», furent légués par lui, vers 1580, à la maison professe des Jésuites de la rue Saint-Antoine, qu'il avait lui-même établie sur l'emplacement de l'ancien hôtel d'Anville. Ils furent dispersés lors de la première expulsion des Jésuites en 1595. Son neveu, Charles III de Bourbon, deuxième cardinal de Bourbon, fils du premier prince de Condé, qui lui succéda sur le siège archiépiscopal de Rouen, et mourut en 1594, à trente-deux ans, n'aima pas moins passionnément les livres. Il fut le restaurateur de la belle bibliothèque formée au château de Gaillon par le cardinal d'Amboise. Ses livres étaient uniformément reliés en maroquin bleu ou rouge, la tranche dorée, sur le dos ses armes: *de France, au bâton péri en bande de gueules*, et un médaillon représentant un lis au naturel avec la devise: CANDORE SUPERAT ET ODORE.

## II

L'avènement de Henri IV, chef de la maison de Bourbon, au trône de France, donne un caractère nouveau à l'amour des Bourbons pour les livres: c'est au profit de la France même que cette passion s'exerce. A la fin du règne de Charles IX, la bibliothèque formée à Fontainebleau par François Ier avait été rapportée à Paris, où elle courut de très grands dangers pendant les troubles de la Ligue. Dès le début de son règne, Henri IV porta sur elle sa sollicitude et la fit déposer dans le collège de Clermont, de la rue Saint-Jacques, abandonné par les Jésuites, puis installer en 1604, lors du rappel de ceux-ci, dans le cloître des Cordeliers. En 1609, il avait conçu le projet de lui consacrer une magnifique salle dans le nouveau collège de France qu'il voulait faire construire. Henri IV accrut beaucoup aussi la bibliothèque du collège des Jésuites de Lyon, si nous en croyons le Père Jacob. «La plus célèbre bibliothèque de la ville de Lyon, dit-il, est celle du collège des Pères Jésuites, qui pour la quantité de ses livres ne cède à beaucoup de France; car elle se peut vanter d'avoir plusieurs livres qui viennent de la libéralité du grand roy Henry IV.» Dans sa «librairie» particulière, Henri IV avait des livres nombreux et choisis, qu'il faisait luxueusement relier. Ils portaient tous, sur les plats, l'écu de France accolé de celui de Navarre, et au-dessous, soutenue de deux rinceaux, la lettre H couronnée; le tout entouré des colliers des ordres de Saint-Michel et du Saint-Esprit, et souvent surmonté d'une couronne royale.

Si nous en croyions M. Édouard Fournier, Louis XIII aurait relié des livres de ses mains royales. Ce qui est certain, c'est qu'il aima les livres. Ceux qu'il posséda furent presque tous reliés en maroquin vert fleurdelisé par Clovis Eve, puis par Antoine Ruette. Dans l'écusson royal dont il sont marqués, l'H de Henri IV est remplacée par un L. Louis XIII, lorsqu'il rétablit la religion catholique en Béarn, fonda à Pau un couvent de capucins, auquel il donna «la très magnifique bibliothèque des roys de Navarre, ses prédécesseurs, qui sert, dit le Père Jacob, d'un rare ornement à ce couvent».

Son frère, Gaston, duc d'Orléans, qui mourut à Blois, en 1660, à l'âge de cinquante-deux ans, après avoir cabalé toute sa vie, soit contre Richelieu, soit contre la régente, fut un excellent bibliophile tout en étant un très mauvais politique. Peut-être est-ce par repentir et amende honorable pour ses conspirations qu'il légua à son neveu, Louis XIV, «son cabinet plein de raretés de tout genre». Pour un bibliophile, un tel legs partait du cœur. En conséquence de sa libéralité, cinquante-trois de ces précieux manuscrits furent portés en 1667 à la Bibliothèque du roi.

C'est au palais du Luxembourg, sa demeure, que Gaston avait réuni ce cabinet qui ne comprenait pas seulement des livres et des manuscrits, mais encore des médailles, des miniatures, des estampes, etc. Le Père Jacob en est émerveillé. Ce prince, dit-il, «donne de l'étonnement et de l'admiration à toute l'Europe, pour la connaissance qu'il a des médailles anciennes; et je puis dire de ce prince, sans flatterie, que ni Alexandre Sévère, empereur des Romains, ni Atticus, grand ami de Cicéron, ni le très docte Varron n'ont eu une connaissance desdites médailles comme lui; et sa curiosité ne se termine pas en icelles, mais encore dans la recherche des bons livres, desquels il orne sa très riche et splendide bibliothèque, qu'il a dressé depuis peu dans son hostel de Luxembourg, au bout de cette admirable gallerie où toute la vie de la feue reine Marie de Médicis a été dépeinte par l'excellent ouvrier Rubens. Or cette bibliothèque n'est pas seulement remarquable pour l'ornement de ses tablettes, qui sont toutes couvertes de velours verd, avec les bandes de même étoffe, garnies de passemens d'or, et les crespines de même: pour toute la menuiserie qui se void, elle est embellie d'or et de riches peintures. Mais outre cela, les livres sont de toutes les meilleures éditions qui se peuvent treuver; et quant à leur relieure, elle est toute d'une même façon, avec les chiffres de Son Altesse Réale [1]. Ce prince fait tous les jours une grande recherche des meilleurs livres qui se peuvent treuver dans l'Europe; donnant des mémoires pour ce sujet, par la sollicitation de M. Brunier, son médecin et bibliothécaire, qui travaille continuellement à la perfection de ce trésor des livres et des médailles.»

Gaston se plaisait aussi à faire exécuter en miniatures des objets d'histoire naturelle. Ce sont ces miniatures qui ont formé le fonds de la collection connue sous le nom de *Vélins du Muséum*, et transférée, en 1793, de la Bibliothèque du Roi au Jardin des Plantes. La plupart de ses livres étaient reliés en veau, marqués de G couronnés.

Le goût de Louis XIV pour les livres nous est surtout attesté par l'impulsion qu'il donna aux acquisitions qui furent faites sous son règne pour augmenter la Bibliothèque du roi, par les missions qui furent confiées à Vaillant, Monceaux, Laisné, Dipy, Wansleb, Lacroix, Cassini, Verjus, à Nointel, notre ambassadeur à Constantinople, très bien secondé par A. Galland, pour recueillir des livres et des manuscrits en Orient, en Grèce, en Italie, en Portugal. Mais pour lui comme pour Louis XV, comme pour Louis XVI, il est difficile de faire le départ entre le souverain et le particulier, et d'apprécier le bibliophile autrement que par les magnifiques reliures à ses armes qui figurent aujourd'hui dans nos bibliothèques publiques. Avec Louis XIV la reliure prit un caractère de simplicité majestueuse. Sur les livres marqués aux armes du roi, c'est-à-dire de France, il faut remarquer la large dentelle avec un simple filet sur les bords des plats. Son relieur le plus accrédité fut A. Ruette. Nous possédons cependant un témoignage de l'intérêt particulier que Louis XV prenait à orner et à accroître sa bibliothèque particulière. Vers 1766, nous le voyons acheter du duc de La Vallière plusieurs manuscrits qui devaient être portés à Trianon. Parmi ces manuscrits figurait le *Livre des tournois du roi René* que le duc de La Vallière tenait du prince de Conti.

Le grand Dauphin, fils de Louis XIV, posséda aussi, à Meudon, sa résidence, et à Versailles, une belle bibliothèque, dont Saint-Simon nous a raconté la vente à l'encan après sa mort, en 1711. Les reliures portaient les armes du Dauphin sur les plats, avec des L entrelacées et couronnées aux coins.

Le père de Louis XV, ce jeune et charmant duc de Bourgogne, l'élève de Fénelon et l'espoir de la France, avait montré bien jeune encore un vrai penchant de bibliophile. Il s'intéressait beaucoup aux livres, aux manuscrits, aux sceaux et aux médailles. Gaignières se plaisait à lui communiquer ses découvertes, telles que celle d'un sceau de Louis le Gros, et son cabinet reçut, le 6 avril 1702, la visite de ce jeune prince. «Je vous félicite, écrivait à ce sujet l'intendant Foucault à Gaignières, de la visite que vous a rendue M. le duc de Bourgogne, et suis bien persuadé que le temps lui aura paru court dans votre grand appartement. Comme c'est un prince qui a du goût pour l'histoire et la littérature, vous aurés eu plaisir à satisfaire sa curiosité.»

## III

C'est surtout dans les branches collatérales de la maison de Bourbon, et aussi parmi les princes légitimés, que nous allons trouver maintenant des collections de de livres nombreux, bien choisis, richement reliés.

A la tête de ces princes bibliophiles se distinguent les membres de la maison de Condé. Le premier qui a droit à ce titre fut Henri II, prince de Condé, époux de cette belle et vertueuse Charlotte de Montmorency qui inspira une si vive passion à Henri IV, et père du vainqueur de Rocroy (1588-1646).

Ce prince, qui était gouverneur de la province de Berry, avait fondé, à Bourges, une très belle bibliothèque, dont le Père Jacob nous parle ainsi: «Cette opulente bibliothèque a été faite avec de grands soins et somptueuse dépense par ce prince. La parfaite connaissance qu'il a de toutes les sciences et des livres rares et curieux le fait estimer pour un oracle des Muses. Chose admirable en cette Altesse, que nonobstant les grandes affaires qu'il a pour l'Estat, il ne perd aucun jour sans s'adonner à l'estude, où il treuve des divertissemens dignes d'un grand prince; ce qui luy acquiert une gloire immortelle par toute l'Europe, tant pour surpasser en sciences tous les autres princes, que pour le grand zèle qu'il a à les faire fleurir.»

Son fils, le grand Condé, hérita de son goût pour les livres; sous lui (1621-1686), la bibliothèque de Chantilly devint l'une des plus belles de France. Un contemporain, Le Gallois, disait de cette bibliothèque, en 1680, dans son

*Traité des plus belles bibliothèques*: «Il faut aussi parler de celle de Monseigneur le prince de Condé, ce Mars de nostre siècle; mais qui, beaucoup plus illustre que Mars, a si bien joint la gloire des sciences avec celle des armes, puisque, sans le flatter, on peut dire que jamais prince n'a esté ny plus belliqueux ny plus sçavant que luy. Cette bibliothèque est nombreuse et contient grande quantité de manuscrits rares grecs et latins. Elle fut dressée par feu Monseigneur le Prince son père, qui était un des plus sçavans hommes de son temps; et parce que Monseigneur le Prince a hérité d'une si noble qualité, il continue avec la même passion et les mêmes soins l'agrandissement de cette bibliothèque.»

Après le grand Condé, la bibliothèque de Chantilly fut augmentée par son fils, Henri-Jules, duc de Bourbon, mort en 1709. Elle était devenue une des plus nombreuses de son temps et contenait une grande quantité de manuscrits grecs et latins. Tous ces livres des Condé étaient marqués à leurs armes: *de France, au bâton péri en bande de gueules*. Vers le milieu du XVIII^e siècle, il en fut dressé par Dupuy un catalogue, dont le manuscrit existe aujourd'hui à la Bibliothèque nationale sous ce titre: *Table alphabétique par nom d'auteurs des ouvrages se trouvant dans la Bibliothèque du prince de Condé.*

A la Révolution, 1,200 volumes de manuscrits, provenant de la maison de Condé, furent envoyés à la Bibliothèque nationale. Rendue en 1815 au prince de Condé, cette collection appartient aujourd'hui à la Bibliothèque de Chantilly.

Le petit-fils de cet Henri-Jules, prince de Condé, Louis de Bourbon, comte de Clermont, né en 1709, mort en 1771, fut l'une des figures les plus intéressantes du XVIII^e siècle. Frère du duc de Bourbon, qui fut premier ministre de Louis XV, et de cette belle Mademoiselle de Vermandois, qui serait devenue reine de France sans M^me de Prie, il fut tout ensemble abbé commendataire de Saint-Germain-des-Prés, général d'armée, membre de l'Académie française, et directeur d'une excellente troupe de comédiens qu'il entretenait pour les plaisirs de ses amis.

Il avait réuni une très nombreuse et belle bibliothèque, qui fut vendue, à sa mort, au palais abbatial de l'abbaye de Saint-Germain-des-Prés, et dont le catalogue parut sous ce titre: *Catalogue des livres de la bibliothèque de feu S. A. S. M^gr le comte de Clermont, prince du sang*, Paris, Prault fils, 1771, in-8° de 111 pages. Ses livres étaient timbrés de ses armes: *de France, au bâton péri en bande de gueules, chargé à la pointe supérieure d'un croissant d'argent.* Ce catalogue comprend 2,021 numéros, dont 229 pour la théologie, 138 pour la jurisprudence, 941 pour les belles-lettres, et 663 pour l'histoire.

Le comte de Clermont aimait fort les lettres et les arts, et, à son château de Berny, il se donnait souvent des comédies ou des concerts. Nous trouvons la trace de ce goût dans le catalogue de 1771, sur lequel figurent: «trente-six cartons remplis de musique, pour les concerts et comédies, tels que simphonies, trios, divertissemens, etc., manuscrits»; un «paquet de musique instrumentale pour le violon, le clavecin, violoncelle, etc., gravée et manuscrite»; ainsi que «différents opéras-comiques, avec leur partition gravée». Sa collection théâtrale était très complète, et dans son inventaire on remarque encore «différents paquets de comédies séparées et brochées», plus «plusieurs cartons remplis de rôles pour jouer des comédies et très proprement écrits».

Si le comte de Clermont ne fut pas un grand général, il avait de la valeur et aimait les choses militaires. On s'en aperçoit également à sa bibliothèque où la division de «d'art militaire» comprend 90 numéros, parmi lesquels il faut signaler plusieurs manuscrits: *Guerres des troupes légères*, in-8°, m. v.; *Remarques sur la cavalerie et l'infanterie*, in-4°; *Traité des sièges, de l'attaque et défense des places*, par le maréchal de Vauban, in-folio, «avec des plans très bien *dessinés et lavés*, m. r., avec fermoir d'argent», vendu 59 livres; *Traité des fortifications*, in-folio; *Différentes pièces d'artillerie dessinées et colorées*, in-8° obl., mar. r., dent.; *Etat de la composition des troupes d'infanterie et de cavalerie française et étrangère*, in-4°, mar. r., fermoirs d'argent; *Etat des officiers généraux*, etc., *employés à l'armée commandée par S. A. S. Mgr le comte de Clermont, en 1758*, 2 vol. in-16, mar. r.; *Etat des troupes de France sur pied, en 1755*, in-8°; *Etat de la maison du Roi, en 1751*; in-8°, mar. r.; *Etat des gouvernements généraux, 1751*, in-8°, mar. r.

L'ami des choses légères, des poètes, des chansonniers, se manifeste, au contraire, dans les articles suivants: trois *Recueils de chansons*, mss., l'un en 9 vol. in-8°, l'autre en 8 vol. in-4°, le dernier en 9 vol. in-folio et 3 vol. de tables; et un *Recueil de poésies*, ms., 8 vol. in-8°.

Des deux fils que Louis XIV eut de Mme de Montespan et qui lui survécurent, le duc du Maine et le comte de Toulouse, celui-ci paraît avoir eu particulièrement le goût des beaux livres. Il en avait rassemblé un grand nombre, soit à Paris, dans le magnifique hôtel de Toulouse, près la place des Victoires, soit au château de Rambouillet, qu'il acheta, en 1705, de l'intendant des finances, Fleuriau d'Armenonville, et où il mourut en 1736.

Louis-Alexandre de Bourbon, comte de Toulouse, était né le 6 juin 1678. Lui et sa sœur, la future duchesse d'Orléans, femme du régent, furent les suites de cette fameuse réconciliation des deux amants que Mme de Caylus a si joliment racontée.

Par respect pour le jubilé et sur les exhortations de Bossuet, Louis et sa maîtresse ne se voyaient plus que sur la cérémonie et en présence des dames les plus respectables de la cour.—«Le roi, dit Mme de Caylus, vint donc chez Mme de Montespan, comme il avait été décidé; mais, insensiblement, il la tira dans une fenêtre; ils se parlèrent bas assez longtemps, pleurèrent, et se dirent ce qu'on a accoutumé de dire en pareil cas; ils firent ensuite une profonde révérence à ces vénérables matrones, passèrent dans une autre chambre; et il en avint Madame la duchesse d'Orléans et ensuite M. le comte de Toulouse.» Enfant, il avait été beau comme le jour; quand il parut pour la première fois à Versailles, sa beauté «surprit et éblouit tous ceux qui le virent». De ce côté, il avait la supériorité sur son frère, le duc du Maine, son aîné de huit ans, qui se rattrapait, il est vrai, du côté de l'esprit, ou du moins d'un certain esprit. Par la droiture, par la délicatesse et la tendresse de cœur, le comte de Toulouse l'emportait aussi beaucoup sur son frère. Saint-Simon lui accorde toutes ses préférences. «C'était, dit-il, l'honneur, la vertu, la droiture, la vérité, l'équité même, avec un accueil aussi gracieux qu'un froid naturel, mais glacial, le pouvait permettre; de la valeur et de l'envie de faire, mais par les bonnes voies, et en qui le sens droit et juste, pour le très-ordinaire, suppléait à l'esprit; fort appliqué d'ailleurs à servir sa marine de guerre et de commerce, et l'entendant très bien.» Ailleurs Saint-Simon le qualifie encore de «sage, silencieux, mesuré».

Pourvu, dès l'année 1683, de la charge de grand amiral de France, il se montra plus tard digne de cette faveur, alors prématurée, à la fois par son courage et sa connaissance des choses navales. Après avoir fait sa première campagne, à l'âge de treize ans, en Flandre, où il monta à l'assaut de Mons et fut blessé au siège de Namur, il montra toutes les qualités d'un homme de mer à la bataille de Malaga, où, le 24 août 1704, il battit la flotte anglaise et démâta le navire de son chef, l'amiral Rooke. «On ne saurait, dit Saint-Simon, une valeur plus tranquille, qu'il fit paraître pendant toute l'action, ni plus de vivacité à tout voir et de jugement à commander à propos.» Obligé de renoncer à la mer par une cruelle maladie de la pierre, qui le tourmenta toute sa vie, restant éloigné de toutes les menées ambitieuses ourdies par son frère, le duc du Maine, il se contenta de vivre en sage. Il mourut le 1er décembre 1737, à l'âge de cinquante-neuf ans, laissant une mémoire aimée, que continua dignement son fils, l'aimable et bienfaisant duc de Penthièvre.

Le comte de Toulouse avait formé une nombreuse bibliothèque, dont les livres, très heureusement choisis, portent ses armes: *de France, au bâton péri en barre de gueules*, et quelquefois une ancre, emblème de grand amiral. Nous connaissons la composition de cette bibliothèque soit par les deux volumes du *Catalogue des livres du roi Louis-Philippe*, vendus en 1852, soit par des catalogues qui en furent publiés du vivant même de ce prince pour son propre usage.

Un premier catalogue fut dressé, en 1708, sous ce titre: *Catalogue de la bibliothèque du château de Rambouillet, appartenant à Son Altesse Sérénissime Monseigneur le comte de Toulouse*, M DCC VIII, s. l., in-8° de 216 pages, plus 13 pages de table des auteurs. Il comprend 1,589 numéros, répartis en cinq divisions: théologie, droit, philosophie, belles-lettres et histoire. Parmi les manuscrits, l'on remarque: *Exercice et détail de toutes les manœuvres qui se font à la mer*, par le chevalier de Tourville, en 1681, sur vélin, in-4°; *Etat de la marine de l'Empire ottoman*, par M. de La Croix, in-4°; *les Noms, armes et qualitez des amiraux de France, avec les blasons enluminez*, in-fol.

Un nouveau catalogue en fut fait dix-huit ans après: *Catalogue de la bibliothèque du chasteau de Rambouillet, appartenant à Son Altesse Sérénissime Monseigneur le comte de Toulouse*, à Paris, imprimé par les soins de Gabriel Martin, libraire de S. A. S., 1726, in-8° de 620 pages, plus 29 pages de table des auteurs. Les numéros ne se suivent pas, en sorte qu'il est difficile de se rendre compte de l'importance relative des divisions autrement que par la pagination. La théologie comprend 31 pages; la jurisprudence, 11; la philosophie, les mathématiques et les arts, 33; les belles-lettres, 198; l'histoire, 322. Parmi les manuscrits, l'on remarque: *Mémoires de J.-B. Colbert sur les ordonnances générales*, 8 vol. in-4°; *Mémoire présenté à M. le duc d'Orléans au commencement de sa régence*, par M. de Boulainvilliers, in-4°; *Réflexions sur l'histoire de France*, du même, 2 vol. in-4.; *Origine des parlements*, du même, 2 vol. in-4°; *Traité de la noblesse*, du même, in-4°; *Journal de la campagne de Hongrie*, de 1717, in-fol.; *Recueil de pièces et mémoires concernant l'affaire des princes* (légitimés), *avec des notes et une table*, in-fol.; *les Trophées et les disgrâces des princes de la maison de Vendôme*, par Bonair Stuart, in-8°; *Cérémonial du couronnement des ducs de Bretagne*, etc.

Dans l'épître dédicatoire au comte de Toulouse, placée en tête de ce second catalogue, on lit:

«Il est heureux pour moy que ma profession me mette en état de servir V. A. S. dans le genre qui luy est le plus agréable, et j'ose dire le plus glorieux. Je veux parler des lettres et des beaux-arts que Vous alliez si parfaitement, Monseigneur, avec la science de la cour et les devoirs de la société, qu'on remarque à travers l'éclat de votre auguste Naissance, les qualitez de l'honneste homme, et l'esprit orné de l'homme de lettres. C'est ce goust qui Vous a porté à former un cabinet de livres choisis dans votre château de Rambouillet, de tous temps le réduit des Muses.»

Huit années plus tard parut un *Supplément du catalogue de la bibliothèque du château de Rambouillet*, s. l., 1734, in-8 de 140 pages, plus 8 pages de table des auteurs. La théologie y occupe 7 pages; la jurisprudence, 3; les sciences, 10; les belles-lettres, 45; l'histoire, 68.

Le comte de Toulouse avait une très belle bibliothèque musicale, peut-être la plus riche de son temps, dont il avait confié la garde à un musicien distingué, Philidor l'aîné. Nous trouvons la preuve de ce goût du comte de Toulouse dans le *Catalogue des livres du roi Louis-Philippe*, où figurent les recueils suivants:

*Collection de partitions et tragédies lyriques ou opéras*, 206 vol. in-4° obl., v. f. et v. m. Cette collection était en partie manuscrite et en partie imprimée. Chaque volume manuscrit avait un titre imprimé, au bas duquel on lisait: *Copiez par ordre exprès de S. A. Mgr le comte de Toulouse, par Philidor l'aîné, garde de toute sa bibliothèque de musique*, l'an 1703. Autres collections de *Symphonies des opéras et vieux ballets de Lully*, manuscrites et imprimées, 11 vol. in-4°; de *Motets de Lully*, manuscrits, 5 vol. in-fol.; de *Motets à deux chœurs, pour la chapelle du roy, mis en musique par M. de Lully*, 15 vol. in-4° obl.; de *Motets de Colasse et de Minoret*, 9 vol. in-4°; de *Motets de M. de Lalande*, 21 vol. in-4°; de *Motets de Campra*, 13 vol. in-4°; de *Desmarets*, 17 vol. in-4° obl.; de *Bernier*, 12 vol. in-4°; de *Legrenzi*, 4 vol.; de *Couperin*, 6 vol.; de *Carissimi*, 3 vol. in-4°; des *Airs de violon de Matho*, 1733, 3 vol. in-4°.

Le fils unique que le comte de Toulouse eut de son mariage avec Sophie de Noailles, veuve du marquis de Gondrin, marcha sur les traces de son père.

Né à Rambouillet, le 16 novembre 1725, le duc de Penthièvre eut pour précepteur l'abbé Quénel. Comme son père, il eut la charge de grand amiral. Il se montra plein de courage à la bataille de Dettinghen—il avait dix-huit ans—où il se trouva dans le feu le plus vif, et à celle de Fontenoy, où il chargea, à la tête de Fitz-James cavalerie, la terrible colonne anglaise. Dans ses études, il avait manifesté du goût pour les mathématiques, la géométrie, la physique, et suivi les cours publics du célèbre abbé Nollet, qui, un jour, se félicita publiquement de l'assiduité de son élève. Le prince, qui fut l'ami de Florian et sollicita pour lui le titre d'académicien, devait aimer les livres. Il les aima, en effet, comme le prouve l'achat qu'il fit, à la vente du duc de La Vallière, d'un fort bel exemplaire du roman de *Perceforest*, Paris, 1528, 6 vol. in-fol. sur vélin, avec cinq grandes miniatures, et qui provenait de la collection du château d'Anet vendue en 1724, et des *Chroniques* de Guillaume Cretin.

Le duc de Penthièvre avait aussi une fort belle bibliothèque à Châteauneuf-sur-Loire, ancienne propriété des Phélyppeaux de la Vrillière, qu'il avait achetée, après la vente de Rambouillet au roi Louis XVI. De son vivant, ce prince avait fait dresser les catalogues de ses diverses bibliothèques: de Louveciennes—où était mort son fils, le prince de Lamballe, en 1768,—de Châteauneuf (1786), de Sceaux (1787) qu'il avait hérité de son cousin, le comte d'Eu, en 1775. Ces trois catalogues manuscrits figuraient à la vente du roi Louis-Philippe, en 1852 (IIe partie, nos 2480-82).

Le duc du Maine, élève de Mme de Maintenon, et qui, enfant, passa pour un petit prodige, témoin ces *Œuvres diverses d'un enfant de sept ans*, qui furent publiées en 1678, ne nous apparaît cependant comme bibliophile que par les livres à ses armes qui figurent dans les catalogues de la vente Louis-Philippe. Il en est de même de ses deux fils: le prince de Dombes, mort en 1755, et le comte d'Eu, mort vingt ans plus tard; le premier à l'âge de cinquante-cinq ans, le second à l'âge de soixante et onze ans. Dans ces catalogues, l'on trouve marqués aux armes du duc du Maine les ouvrages suivants: *Réflexions sur les vérités de la religion*, par d'Alès, in-4°, ms.; *Code militaire*, Paris, 1707; *Politique tirée de l'Ecriture sainte*, par Bossuet, Paris, 1709, in-4° (édition originale); *Polyaeni stratagematum*, 1691; *Onosandri strategeticus*, 1599; *Observations sur l'art de la guerre*, par Vaultier, 1714; *Pratique de la guerre*, par Malthus, 1646; les *Œuvres de Molière*, Amsterdam, 1684, fig.

Aux armes du comte d'Eu: *Traité de la concupiscence*, de Bossuet, Paris, 1731, in-12; *Paraphrase du Miserere*, par le P. Calabre, 1748, in-24; *Vegetii de re militari*, 1592; de Traverse, *Extrait du traité de la guerre par Puysegur*, 1755; *l'Iliade*, par La Motte, 1714; *Antiqua numisma S. Ducis Cenomanensium*, in-fol., mar. vert, «beau manuscrit parfaitement exécuté».

---

Nous clorons cette liste des Bourbons bibliophiles de la branche aînée par le comte d'Artois, qui fut un véritable bibliophile, auquel nous devons la Bibliothèque de l'Arsenal, qu'il acheta du marquis de Paulmy.

Malgré la réputation de frivolité qui lui resta longtemps, le comte d'Artois aimait les lettres et les gens de lettres. Chamfort, le spirituel et mordant auteur des *Maximes et pensées morales...*, qui le sont souvent si peu, fut son lecteur. Et ce n'était pas là, quoi qu'on en ait pu dire, «une sinécure comme celle d'aumônier du régent». La preuve en est dans la très belle bibliothèque personnelle que ce prince s'était formée, et dont on possède l'inventaire. Ce *Catalogue des livres du cabinet de Monseigneur le comte d'Artois*, à Paris, de l'imprimerie de Didot l'aîné, M DCC LXXXIII, est un fort beau volume in-4°, papier vergé de Hollande à grandes marges, remarquable spécimen de l'art de l'imprimerie à cette époque.

Le comte d'Artois avait alors vingt-six ans, et ce n'était pas le premier témoignage qu'il donnait de son goût pour les livres. De 1780 à 1783 avait paru, chez Fr. Ambroise Didot, une «collection de romans et de poésies» imprimée par les ordres et aux frais de ce prince, qui s'en était réservé les exemplaires, tirés d'ailleurs à un très petit nombre, «pour en faire des présents». Cette collection est restée célèbre parmi les bibliophiles.

On comprend qu'un prince qui éditait à ses frais toute une collection de livres possédât lui-même une assez belle bibliothèque et mît quelque coquetterie à en dresser l'inventaire. Le catalogue que nous venons de citer comprend 1,313 numéros, formant 136 pages. La partie des belles-lettres a 542 numéros, tandis que l'histoire n'en a que 385; les arts, 131; la philosophie et la politique, 101; les sciences, 86; la théologie, 39; et la jurisprudence, 14. D'ailleurs, aucun étalage de fausse érudition: ce n'est pas une bibliothèque de parade, mais celle d'un homme du monde qui n'a de livres que ceux qu'il peut et qu'il veut lire. Ce catalogue donne l'idée d'une bibliothèque surtout contemporaine, tenue au courant de ce qui se publie en matière de belles-lettres, et où les écrivains anciens figurent plutôt dans d'élégantes éditions modernes que dans les éditions princeps du XVIe siècle.

La disposition même de ce catalogue a cela d'insolite que la théologie en forme l'avant-dernière division. Ce classement particulier ne saurait étonner dans la bibliothèque d'un prince qui était alors presque aussi voltairien que son frère, le comte de Provence. N'oublions pas que c'est le moment où les contemporains nous représentent le comte d'Artois comme un type accompli de cette société élégante, spirituelle et libre-penseuse. «Le comte d'Artois, dit la baronne d'Oberkirch, est le prince le plus aimable du monde. Il a infiniment d'esprit, non pas dans le genre de M. le comte de Provence, c'est-à-dire sérieux et savant, mais le véritable esprit français, l'esprit de saillie et d'à-propos.»—«Il est vif, bouillant, décidé; dès l'âge le plus tendre, il a fait parler de lui», dit l'*Espion anglais.*

On remarque cependant, dans ce catalogue, l'absence des *Provinciales* de Pascal. Le nom du grand adversaire des Jésuites n'y est inscrit que pour les *Pensées*, édit. de la Haye, 1743, in-12, et pour le *Traité de l'équilibre des liqueurs*, Paris, 1698, in-12. Par contre, on y trouve un livre auquel on ne s'attendrait guère dans une bibliothèque composée comme nous l'avons dit. C'est celui de Marat: *Découvertes sur le feu, l'électricité et la lumière*, Paris, 1779, in-8°, qui vient immédiatement avant celui de Pascal. O hasard des catalogues! Il est vrai que Marat était médecin des gardes du corps du comte d'Artois. Il avait probablement offert respectueusement son livre à ce prince, qui, pour faire honneur à l'un de ses serviteurs, l'avait fait mettre dans sa bibliothèque. Ce fut là un honneur, sinon un bienfait, mal placé.

Le comte d'Artois, que les mémoires du temps nous montrent comme donnant dans l'anglomanie, n'appréciait pas les Anglais seulement pour la coupe de leurs habits et pour leurs jockeys. Parmi ses livres figure un Shakespeare, de la belle édition annotée de Johnson, *Londres*, 1765, 8 vol. in-8°; le poème de *Hudibras*, les *Œuvres* d'Addison, les *Aventures de Robinson Crusoé*, et l'*Histoire d'Angleterre*, de Hume, dans le texte original. La langue anglaise lui était familière, comme à son frère, Louis XVI, qui traduisit l'*Essai d'Horace Walpole sur Richard III*. La révolution allait bientôt le forcer à s'en servir plus qu'il n'aurait voulu.

Les encyclopédistes ne l'effrayaient pas plus que les économistes. Comme presque tous ses contemporains, il eut même un penchant pour eux: leurs œuvres étaient si peu pour lui des œuvres de réprouvés, qu'il possédait, fort richement reliés, les trente-trois volumes in-folio de l'*Encyclopédie*, les *Pensées* de Diderot, les *Œuvres* de La Mettrie, le livre de *l'Esprit*, d'Helvetius, Paris, 1758, in-12, les *Œuvres complètes* de Voltaire, Genève, 1769, 24 vol. in-4°, avec figures, les *Œuvres* de J.-J. Rousseau, Paris, 16 vol. in-8°, l'*Histoire philosophique des deux Indes*, de Raynal.

Dans sa bibliothèque, les livres galants y sont peu nombreux. Le genre est représenté par *Félicia ou mes fredaines*, le célèbre roman de Nerciat; le *Sopha*, de Crébillon fils; *les Bijoux indiscrets*, de Diderot; *Honny soit qui mal y pense ou Mémoires des filles célèbres du XVIII*[e] *siècle*, par Desboulmiers, Paris, 1775; *Journées de l'Amour ou Heures de Cythère*, Gnide, 1776; *les Leçons de la volupté ou la Jeunesse du chevalier de Moronville*, Paris, 1776.

## IV

Les Bourbons-Orléans n'aimèrent pas moins les livres que leurs aînés. C'est surtout à partir du Régent que nous voyons apparaître chez eux les goûts du bibliophile. Les livres du régent portent les armes de sa maison: *de France au lambel à trois pendants d'argent.* C'est pour le régent que les artistes du temps inventèrent ces ornements pleins d'originalité et de richesse, mosaïques fleuries, grenades entr'ouvertes, feuilles, fruits. Ce prince ne se contentait pas d'avoir de beaux livres, il en faisait, ou du moins il en illustrait, et son édition du roman de *Daphnis et Chloë*, traduit par Amyot, pour lequel il composa des dessins que grava Audran, est restée célèbre. A la vente du roi Louis-Philippe, peu de livres cependant provenaient de lui; nous citerons un *Homère*, traduction de Dacier, 1719, in-12. Sa fille, la spirituelle mais bien étrange duchesse de Berry, morte à vingt-quatre ans, en 1719, eut le temps, dans sa courte existence, de se former une nombreuse bibliothèque, dont les livres portaient pour armes sur les plats: *de France, à la bordure engrêlée de gueules qui est de Berry accolé d'Orléans*, et, sur le dos, M L entrelacées. On rencontre aussi quelquefois de beaux livres timbrés des armes d'Espagne accolées à celles d'Orléans. Ils ont appartenu à Marie-Louise d'Orléans, sœur consanguine du régent, qui avait épousé le roi d'Espagne, le triste et malingre Charles II, et qui mourut en 1689, à vingt-sept ans, non sans soupçon de poison.

Deux fils naturels du régent, qu'il eut, l'un de la Florence, danseuse de l'Opéra, en 1698, l'autre, en 1702, de Mlle de Sery, comtesse d'Argenton, peuvent être aussi comptés parmi les bibliophiles. Charles, appelé d'abord l'abbé de Saint-Albin, et qui fut évêque de Cambrai de 1723 à 1764, avait formé une belle bibliothèque, comme le prouve le *Catalogue* qui en fut publié, *Cambray*, 1766, in-8°. Ses armes étaient: *de France, au bâton péri en barre de gueules, au lambel d'argent à trois pendants.* Son frère, qui fut grand-prieur de France de l'ordre de Malte et mourut en 1748, posséda aussi de beaux livres, qui étaient décorés des mêmes armes, avec cette seule modification: *au chef chargé de la croix de Malte.*

Le troisième duc d'Orléans, Louis, que la mort de sa femme, une princesse de Bade, enlevée en couches à vingt-deux ans, jeta dans la plus grande dévotion, avait réuni une précieuse bibliothèque religieuse, qu'il légua à l'abbaye de Sainte-Geneviève, où il s'était retiré depuis 1730 et où il mourut en 1752. Elle forme une partie de la Bibliothèque Sainte-Geneviève actuelle.

Son fils, Louis-Philippe, quatrième duc d'Orléans (1725-1785), fut un prince débonnaire, qui, soit au Palais-Royal, soit au château de Sainte-Assise, partageait son temps entre le commerce des lettres et un petit cercle d'amis. L'aimable Collé fut son lecteur. Comme le comte de Clermont, il aimait à donner chez lui le spectacle de la comédie; il y jouait même, fort bien, dit-on, les rôles à manteau. Après la mort de la duchesse d'Orléans, Louise-Henriette de Bourbon-Conti, en 1759, l'on sait quelle place tint près de lui M$^{me}$ de Montesson: ce fut sa marquise de Maintenon. Il aima certainement les livres et en réunit une riche collection qui fut vendue après lui. Ce prince, qui mourut le 18 novembre 1785, à soixante ans, laissait deux enfants: le nouveau duc d'Orléans, Louis-Philippe-Joseph, qui mourut en 1793 sur l'échafaud révolutionnaire, et alors âgé de quarante ans; et la duchesse de Bourbon, mère de l'infortuné duc d'Enghien. C'est sans doute au partage qui dut se faire entre ces deux héritiers qu'il faut attribuer la vente des livres de ce prince, qui eut lieu à l'hôtel Bullion, seize mois après sa mort, le 3 mai 1787 et jours suivants. Le catalogue en parut sous ce titre: *Catalogue des livres de la bibliothèque de Son Altesse Sérénissime Monseigneur le duc d'Orléans, premier prince du sang*, à Paris, chez Leclerc et Baudouin, et la veuve Vallat La Chapelle, 1787, in-8° de 333 pages. Ce catalogue, qui contient une table alphabétique par auteurs, comprend 1,247 numéros. Il est malheureux qu'il n'indique l'origine d'aucun des ouvrages décrits. En mettant à part l'histoire, qui forme 633 numéros, la division la plus considérable est celle des sciences et arts qui a 189 numéros, tandis que les belles-lettres en ont 172 seulement. La partie de la musique doit être remarquée comme indice des goûts de ce prince pour les fêtes. Nous y voyons 100 volumes, in-fol. et in-4°, de *Symphonies, concertos, trios* de Vivaldi, Corelli et autres; 27 volumes, in-fol. et in-4°, de *Recueils d'airs à chanter et autres*; *les Cantates de Clerambault*, 2 vol. in-fol.; 80 volumes in-4° obl., *Anciens opéras, tant gravés qu'imprimés, de différents auteurs, dont* ALCIONE, *par Marais*; 54 volumes in-fol., *Anciens opéras de Lulli, Campra et autres auteurs, dont* PIRAME ET THISBÉ, *par Rebel et Francœur.*

Le petit-fils de ce prince, le roi Louis-Philippe, avait, dans sa jeunesse, connu l'exil; c'est dans le travail et le commerce des lettres qu'il en avait adouci l'amertume. Soit en Suisse, au milieu des montagnes sauvages des Grisons, dans le village de Reichenau, où, en 1793, sous le nom de Chabot, il donna pendant huit mois des leçons de français, de mathématiques et d'histoire, dans l'institution de M. Jost; soit à Hambourg, où il fit imprimer sous ses yeux et imprima peut-être lui-même, un volume en réponse à certaines allégations hasardées de la comtesse de Genlis, ce prince montra des goûts de savant et de lettré qui devaient le conduire fatalement à devenir bibliophile. Aussi le fut-il soit au Palais-Royal, quand il n'était encore que duc d'Orléans, soit aux Tuileries, quand il fut devenu roi. Non seulement des sommes considérables de sa liste civile et de sa fortune particulière furent consacrées à des acquisitions de livres, à des souscriptions aux grandes publications de l'époque, mais encore des ouvrages très importants furent publiés par ses ordres, à ses frais et sous sa direction. Telles furent les *Vues des châteaux royaux* par l'architecte Fontaine, l'*Histoire des résidences royales* par Vatout, et peut-être les *Galeries de Versailles* par Gavard, pour lesquelles M. Montalivet avait pris un arrêté par lequel l'ouvrage ne serait accordé en don que sur un ordre signé du roi. Ces trésors bibliographiques qu'il avait rassemblés dans ses résidences privées devaient bientôt être dispersés.

Quatre ans après la révolution de février, eut lieu, le 8 mars 1852 et les vingt-six jours suivants, la vente des livres provenant des diverses bibliothèques du roi Louis-Philippe, mort le 20 août 1850. Un avis placé en tête du *Catalogue*, Paris, Potier, 1852, 2 vol. in-8° de 349 et 264 pages, signale «des dégradations et mutilations qu'ont subies un certain nombre de livres dans des circonstances que, dit l'expert, nous ne voulons pas rappeler, et qui ont malheureusement atteint quelques-uns des plus importants et des plus précieux». Le premier volume contient 3,039 numéros; le second, 2,523. Ces deux volumes sont consacrés aux «Bibliothèques du Palais-Royal et de Neuilly»; un troisième, qu'on rencontre plus rarement et dont nous devons la communication au vénérable et savant M. Louis Barbier, ancien administrateur de la Bibliothèque du Louvre, est relatif à la bibliothèque du château d'Eu: *Catalogue des livres provenant de la bibliothèque du château d'Eu*, Paris, Potier, 1853, in-8 de 29 pages. Il comprend 337 numéros seulement. La vente eut lieu les 5, 6 et 7 avril 1853, à la salle Silvestre, rue des Bons-Enfants, comme la précédente.

Ces catalogues ont un grand intérêt historique par l'origine qu'ils indiquent d'un très grand nombre de volumes ayant appartenu à divers membres de la famille de Bourbon: le régent; le duc et la duchesse du Maine, et leur fils, le comte d'Eu; le comte de Toulouse et le duc de Penthièvre; la duchesse d'Orléans, mère du roi. Nous avons fait le relevé de ces livres, la crainte seule de trop allonger ce travail nous empêche d'en donner la liste complète. Nous signalerons seulement les manuscrits et quelques livres d'une rareté particulière. Voici les manuscrits:

*Li Romans du castelain de Couci* (en vers), avec *Li Regret du comte de Haynnau*, in-4° de 33 et 58 ff., m. r., aux armes du comte de Toulouse; la *Cronique françoyse*, de Guill. Cretin, 5 vol. in-fol. sur vélin, ms. provenant du duc de La Vallière; le *Roman d'Yvain*, ms. de la fin du XIIIe siècle, in-fol. de 55 ff. (armes de Nicolas Foucault et du comte de Toulouse); les *Lettres spirituelles de la sœur Marceline Pauper, décédée à Tulle*, en 1706, in-4°; un recueil de *Lettres* écrites de 1687 à 1692, faussement attribuées à Mme de Sablé, laquelle mourut en 1678 (aux armes de la comtesse de Toulouse); *Instructions de la vie civile et chrétienne*, (par un père à ses enfants), datées de Tlodosso, 1722, in-4° (armes du duc du Maine); *Recueil d'ouvrages mss.*, en partie autographes du M^is^ de Mirabeau 6 vol. in-fol.; *Mémoire et instruction sur les munitions des places, l'artillerie*, par Vauban, in-fol., mar. r. (aux armes du duc du Maine); *Recueil de chansons, par Blot et autres*, sous la Fronde, in-4°; *Recueil de poésies*, de M^lle^ de Caumont de La Force, in-4°, mar. r., avec cette note:

«Manuscrit autographe. Ces poésies sont adressées au duc de Vendôme, au duc d'Estrées, à l'abbé de Chaulieu, à la duchesse du Maine, à Campistron, à Hamilton, avec des réponses de ce dernier.»

*Chansons et autres poésies*, de la même, in-4°, mar. r., ms. autographe de 148 pp.; les pièces sont adressées à Mademoiselle, à la princesse de Conti, au prince de Turenne, à M^me^ de Maintenon, etc.; *Adélaïs de Bourgogne*, par la même, 2 vol. in-4°; *les Jeux ou la Promenade de la princesse de Conty à Eu*, par la même, 1701, in-4° ms. inédit; *Portrait de M^lle^ de La Force, fait par elle-même*, in-4°, mar. r., suivi de quelques autres écrits, de la même, etc.

Parmi les imprimés, l'on remarque:

*Gyron le Courtoys*, Paris, 1519, in-fol. goth.; *les Quatre filz Aymon*, Paris, 1508, pet. in-fol., fig. sur bois; *Sensuyt Ogier le Dannois*, Paris, Trepperel, s. d., in-4° goth.; *le Nouble roy Ponthus*, et *la Cronique et hystoire de Appollin, roy de Thyr*, Genesve, in-4° goth., fig. col.; l'*Histoire de Huon de Bordeaux*, Rouen, s. d., in-8°; *les Neuf preux*, Abbeville, 1487, in-fol. goth.; *Amadis de Gaule, mis en françois* par Nic. de Herberay, Lyon et Paris, 1575-1615, 23 vol. in-16 et 3 vol. in-8°; l'*Histoire de Palmerin d'Olive*, trad. par Maugin, 1553, in-fol.; *Histoire de Perceforest*, Paris, 1528, 6 vol. in-fol., imprimés sur vélin, avec cinq grandes miniatures (cet ex. provenait de la vente d'Anet en 1724, où il avait été acheté par le comte d'Hoym, puis racheté à la vente La Vallière par le duc de Penthièvre, au prix de 1,601 livres.); l'*Historien Josèphe*, 1534, in-fol. goth. sur vélin, provenant d'Honoré d'Urfé; l'*Histoire de Guy de Warvich*, Paris, s. d., in-4° goth.; *l'Amant resuscité*, par Th. Valentinian, Lyon, 1558, in-4°; *Du vray et parfaict amour, ou les Amours de Théagènes et de Charide* (*sic*), par Martin Fumée, Paris, 1599, in-12, vél.; *les Amours de Théagènes et Chariclée*, trad. d'Amyot, Paris, 1549, in-8, v. rac. (2^e^ édition de ce livre); *Hypnerotomachie ou discours du songe de Poliphile*, Paris, 1561, in-fol., fig. sur bois; les *Cent excellentes nouvelles*, de Giraldy Cynthien, trad. par Chappuys, Paris, 1584, in-8°; le *Faust* de Gœthe, trad. de Stapfer, avec les 17 dessins de Delacroix, Paris, Motte, 1828, in-fol. dem.-rel.

Le roi Louis-Philippe avait formé aussi une magnifique collection de portraits historiques, qui était rassemblée au Palais-Royal. Ils s'élevaient au nombre de 4,600 et figurent au catalogue de 1852 (II^e^ partie), sous le n° 777. Indépendamment de cette collection, dont un *Catalogue* fut publié, Paris, 1829, 4 vol. in-8° et in-fol., le roi possédait encore de nombreux portraits de différentes époques et de différents pays, qui furent vendus sous les n$^{os}$ 780-832: œuvres de Morin, de M. Lasne, de Van Schuppen, de Nanteuil, de Simon, d'Edelinck, de Drevet, de Masson, de Carmontelle.

Le roi Louis-Philippe ne fut pas le dernier Bourbon bibliophile; mais nous devons nous arrêter au seuil de l'histoire contemporaine, que nous nous sommes donnés pour limite.

# REINES ET PRINCESSES

Si les princes de la maison de Bourbon aimèrent les livres et furent souvent de véritables bibliophiles, c'est une passion que les femmes de leur race partagèrent avec eux. Aussi serait-il injuste de ne pas parler d'elles, et de ne pas inscrire leurs noms sur le livre d'or de la Bibliophilie. Elles n'eurent pas seulement de précieuses collections de livres, livres choisis, habillés avec le goût le plus délicat, rangés dans de beaux corps de bibliothèques; elles firent aussi des livres, imitant d'ailleurs en cela leurs parents du sexe fort. Henri IV est un admirable épistolaire, mais Madame Elisabeth n'est pas à dédaigner, et ses lettres ont une originalité pleine de saveur. C'est à une princesse de Conti que l'on attribue les *Amours du grand Alcandre*, lisez de Henri IV. Mademoiselle de Montpensier a écrit des mémoires qui comptent parmi les meilleurs. Mademoiselle de Nantes, fille de Louis XIV et de Madame de Montespan, plus tard Madame la duchesse, faisait des vers—souvent par trop salés—qui réjouissaient fort la cour, tout en la scandalisant un peu; la duchesse du Maine—une Condé—tenait une véritable cour littéraire en son château de Sceaux, et n'était pas la dernière à payer son écot en vers et en prose, en madrigaux et en comédies. Une autre princesse de Condé, Louise-Adélaïde de Bourbon, tante du duc d'Enghien, qui mourut en 1824, prieure des Dames Bénédictines établies au Temple de Paris, a laissé un volume de lettres pleines d'élévation et de sentiments. Quand on a tant de dispositions pour les choses de l'esprit, comment ne serait-on pas bibliophile? Aussi beaucoup de ces princesses le furent-elles.

## I

Il est à remarquer que la femme du roi de France qui fut le véritable fondateur de cette collection incomparable de livres qui s'appelle aujourd'hui la Bibliothèque nationale, fut une princesse de Bourbon. Jeanne de Bourbon, arrière-petite-fille de Robert, comte de Clermont, tige de cette maison, et qui épousa en 1350 le dauphin Charles, qui fut plus tard Charles V, lui apporta en dot, entre autres trésors, une vingtaine de manuscrits précieux, richement reliés, qui contribuèrent à former le premier fonds de la Bibliothèque que ce prince rassembla plus tard dans la grosse tour du Louvre. Le goût pour les livres, qu'elle avait puisé dans sa famille, ne fut certainement pas sans influence sur son royal époux, «dont la belle librairie» devint célèbre dans toute la chrétienté, et qui aimait à tracer son nom sur ses livres favoris. Quand elle mourut, en 1377, trois ans avant Charles V, elle laissa la réputation d'une reine amie des lettres et de ceux qui les cultivent.

Ce que Jeanne de Bourbon avait été pour le roi Charles V, une nièce de ce prince le fut pour le duc Jean Ier. Par une heureuse rencontre, les ducs de Bourbon furent presque toujours heureusement secondés de leurs femmes dans l'accroissement de leur bibliothèque de Moulins. Ainsi en fut-il de la duchesse Marie, fille unique et héritière du duc de Berry, frère de Charles V, mort en 1416, qui apporta à son époux, le duc Jean Ier, quarante et un des plus beaux manuscrits que son père avait réunis dans son château de Mehun-sur-Yèvre. Ces livres lui furent comptés pour une somme de 2,500 livres tournois dans la succession de celui-ci. Les autres furent malheureusement dispersés par les créanciers de ce prince [2]. L'on voit encore sur un manuscrit exécuté pour elle par le P. de la Croix, cette note: «Et apertient ce dit livre à très haulte et poissant dame Marie, fille de très redoubté prince Jehan, duc de Berry,... et le fist escripre par grant diligence frère Symon de Coucy, cordelier, confesseur de laditte Dame.» Cet amour des livres, la duchesse Marie le transmit à son fils et à son petit-fils, les ducs Charles Ier et Jean II, qui tous deux, comme nous l'avons vu, furent de grands bibliophiles.

---

C'est dans la branche des Bourbons-Vendôme, détachée elle-même de celle des comtes de la Marche éteinte au XVe siècle, et qui succéda, dans le titre de duc de Bourbon, à la branche aînée et à celle des Bourbons-Montpensier, que nous rencontrons maintenant la plus illustre héritière de cet amour pour les livres qui distingua les princes de la maison de Bourbon. Nous voulons parler d'Antoinette de Bourbon, l'un des six enfants de François de Bourbon, comte de Vendôme, et de cette Marie de Luxembourg, fille et héritière du fameux comte de Saint-Pol, le décapité, qui enrichit si grandement cette branche des Vendôme. Née en 1494, morte à près de quatre-vingt-dix ans, en 1583, sœur de Charles de Bourbon, créé duc de Vendôme par François Ier en 1515, tante d'Antoine de Bourbon, roi de Navarre, du comte d'Enghien, le vainqueur de Cérisoles, du cardinal de Bourbon, qui fut le roi des Ligueurs sous le nom de Charles X, et du prince de Condé, tige de la maison de Condé, elle occupe une grande place dans l'histoire de son temps, sous le nom de douairière de Guise. Elle avait, en effet, épousé, en 1513, Claude de Lorraine,—fils de René II, le vainqueur de Charles le Téméraire,—premier duc de Guise, et, fut la mère de toute cette lignée des Guises qui donnèrent tant de tracas aux derniers Valois. Ses petits-fils faillirent enlever la couronne à Henri IV, l'héritier légitime, dont elle était la grand'tante. Elle posséda une bibliothèque nombreuse, dont les volumes, pour la plupart, avaient été reliés par Nicolas Ève. Quelques-uns portaient sur les plats son chiffre formé d'un V et d'un A enlacés (*Antoinette de Vendôme*), accompagné d'un autre chiffre composé de deux λλ (*Lorraine*). L'amour des livres fut peut-être la seule chose qu'Antoinette de Bourbon, duchesse de Guise, hérita de sa maison. A tous autres égards elle devint toute Lorraine, et ne fut pas la moins dangereuse adversaire d'Antoine de Navarre et de son fils Henri IV.

## II

La conquête d'un trône, les soins d'un gouvernement qui s'était donné pour mission de fermer les blessures de la France, ne laissèrent pas beaucoup de temps à Henri IV pour être bibliophile. Sa sœur, Catherine de Bourbon, duchesse de Bar, eut pour cela plus de loisirs, et elle en usa largement. Elle a laissé des livres nombreux, tous magnifiquement reliés, marqués très souvent sur les plats de cet S fermé, qui était un signe de fidélité conjugale ou amoureuse. L'histoire intime de la sœur du roi Henri donnerait raison à cette interprétation. Née à Paris en 1559, de six ans plus jeune que son frère, elle reçut les leçons de Florent Chrestien et de Palma Cayet, pour le grec, le latin et l'hébreu; de Charles Macrin, père de Salmon Macrin le poète, pour l'histoire et la poésie; Théodore de Bèze corrigea, dit-on, ses premiers vers. Deux ministres, Merlin de Vaulx et Espina, l'instruisirent dans les principes de la religion réformée. Les mémoires contemporains vantent aussi son habileté à chanter, à toucher du luth, à danser même les pavanes d'Espagne, les pazzamenos d'Italie, les voltes et les courantes françaises, et même les danses béarnaises, bien qu'elle fût née un peu boîteuse, et de santé très délicate. Elle avait treize ans seulement quand elle perdit sa mère, Jeanne d'Albret, qui, en mourant, l'avait placée spécialement sous la protection de son frère: «J'engage et je supplie mon fils, lit-on dans son testament, à prendre sa sœur Catherine sous sa protection, à être son tuteur et son défenseur.» Henri IV ne suivit peut-être pas très fidèlement cette dernière recommandation de sa mère, et dans les divers projets de mariage qu'il forma pour Catherine de Bourbon, il obéit plutôt aux conseils de la politique qu'il n'écouta les sentiments d'un frère. Il fut tour à tour question de la marier à Henri III, au frère de celui-ci, le duc d'Alençon, à Philippe II, au duc de Savoie Charles-Emmanuel Ier, à son cousin le prince de Condé, veuf de Marie de Clèves, au duc Charles III de Lorraine, au roi d'Ecosse, fils de Marie-Stuart. Au milieu de ces projets de la politique, Catherine avait écouté son cœur, et une promesse de mariage avait été échangée entre elle et son cousin, le comte de Soissons, frère du prince de Condé. Pour lui elle refusa positivement l'alliance du roi d'Ecosse, et résista énergiquement plus tard à son frère qui voulait donner sa main au duc de Montpensier. Elle resta cependant vaincue dans cette lutte, et finit par épouser, en 1599, le duc de Bar, fils de ce duc de Lorraine qu'elle avait autrefois refusé. Cette union tardive devait être bientôt dénouée par la mort. Catherine mourut le 13 février 1604, laissant le souvenir d'une âme généreuse et d'un esprit élevé. Ses plus belles années s'étaient écoulées au château de

Pau, dans les fonctions de régente qu'elle avait remplies en Navarre. La bibliothèque, dont le catalogue existe encore en partie, avait été notablement augmentée par elle. Poète, elle y occupait ses loisirs à des traductions de psaumes en langue française, et à des poésies religieuses, qui eurent alors de la popularité en Béarn.

L'on remarquait surtout dans sa bibliothèque une belle collection de classiques grecs et latins, de rares manuscrits, et une grande quantité de lettres autographes des principaux personnages de son temps. «La plupart de ses livres, dit M. Guigard, étaient reliés à la manière de Clovis Eve qui, bien certainement, a dû travailler pour elle. Beaucoup d'entre eux portaient sur les plats six doubles C entrelacés formant croix, avec une flamme au centre, le tout dans un ovale feuillé.»

## III

L'époque des Précieuses devait avoir plus que toute autre des bibliophiles parmi ces femmes que passionnaient les choses de l'esprit. A leur tête il faut placer la fille de Gaston d'Orléans, frère de Louis XIII, et de Marie de Bourbon, duchesse de Montpensier, dernière représentante de la seconde branche des Bourbons-Montpensier, princes de La Roche-sur-Yon, détachée à la fin du XV$^{e}$ siècle de celle des comtes de Bourbon-Vendôme. Elle a droit, comme son frère, au titre de bibliophile. Née en 1627, morte en 1693, après cette fâcheuse aventure d'un mariage avec Lauzun, qui fit scandale sans faire son bonheur, Mademoiselle de Montpensier est l'auteur de ces *Mémoires* qu'on lit toujours avec un si vif plaisir, d'une *Histoire de la princesse de Paphlagonie* (1659), roman qui peut encore piquer aujourd'hui la curiosité, par les allusions qui s'y trouvent aux personnages du temps, et de *Portraits*, nés de cette mode qui occupa vers 1660 toute la société polie en France. Au milieu des Précieuses, elle fut comme une vierge Pallas, à laquelle poètes et courtisans s'empressaient d'apporter le tribut de leurs vers ou de leurs hommages. Retirée, un peu forcément, après la Fronde, soit dans ses châteaux, à Eu par exemple, soit au palais du Luxembourg, c'est surtout alors qu'elle prit goût aux lettres et au bel esprit. Le poète Segrais était l'un des gentilshommes de sa maison. C'est par lui qu'elle connut Huet, qui, jeune alors, lui servait parfois de lecteur pendant sa toilette. Ses livres timbrés au armes d'Orléans sont excessivement rares.

A côté de la grande Mademoiselle, comme on appelait de son temps cette princesse, nous placerons Anne-Geneviève de Bourbon-Condé, duchesse de Longueville, la sœur du grand Condé, la galante héroïne de la Fronde. Ses livres portaient ordinairement sur les plats un semis de fleurs de lis, et, entouré de deux palmes, l'écusson *de France, au bâton péri en bande de gueules, au lambel d'argent à trois pendants* (armes des Longueville). Ce n'est pas que la duchesse de Longueville ait été une savante. Loin de là; son éducation avait été assez négligée: mais elle avait l'esprit de sa race, et un goût inné. Retz insiste particulièrement sur ce que cet esprit devait tout à la nature, et presque rien à l'étude. «M^me^ de Longueville, dit-il, a naturellement bien du fonds d'esprit, mais elle en a encore plus le fin et le tour.» Plus tard elle tiendra, dans ce bel hôtel de Longueville qu'elle fit bâtir rue Saint-Thomas du Louvre, près de celui de Rambouillet, une cour d'esprit, donnera le ton à ses contemporains, et rendra, avec son frère le grand Condé, des jugements sur la littérature qui seront sans appel.

## IV

Des deux filles que Louis XIV eut de la marquise de Montespan, la plus remarquable par son esprit—cet esprit des Mortemart, célèbre au XVI$^{e}$ siècle, esprit caustique, plein de saillies, souvent à l'emporte-pièce—fut Mademoiselle de Nantes. Née en 1673, mariée en 1685, à Louis III, duc de Bourbon, petit-fils du grand Condé, sœur de la duchesse d'Orléans, femme du régent, elle ne mourut qu'en 1743. Survivant de trente-trois ans à son mari, elle passa son long veuvage dans les douceurs de l'amitié, peut-être d'un sentiment plus tendre, que lui inspira le marquis de Lassay, et dans la société des hommes d'esprit et des gens de lettres. «Dans une taille contrefaite, dit Saint-Simon, mais qui s'apercevait peu, sa figure était formée par les plus tendres amours, et son esprit était fait pour se jouer d'eux à son gré sans en être dominée... Rien en elle qui n'allât naturellement à plaire, avec une grâce non pareille jusque dans ses moindres actions, avec un esprit tout aussi naturel qui avait mille charmes... Avec ces qualités, beaucoup d'esprit, de sens pour la cabale et les affaires... féconde en chansons les plus cruelles dont elle affublait gaîment les personnes qu'elle semblait aimer et qui passaient leur vie avec elle. C'était la sirène des poètes, qui en avait tous les charmes et les périls.» Ailleurs, Saint-Simon, revenant sur ce talent pour la chanson et l'épigramme, dit: «M$^{me}$ la duchesse qui avait bien de la grâce et de l'esprit à l'art des chansons salées, en fit d'étranges.» Cette verve satirique de la jeune princesse s'attaquait même à Louis XIV, et aux mœurs sévères que M$^{me}$ de Maintenon avait introduites à la cour, comme le prouvent ces vers d'elle qui coururent en 1691, après le voyage du roi en Flandre:

Enfin, après un mois je vous vois de retour,

Courtisans surannés, vrais remèdes d'amour,

Je vous revois, vieux fous si chéris de nos mères,
Lorsque restés sur nos frontières,
Nos amans loin de nous sont dans le champ de Mars
Pour livrer leurs beaux jours aux plus cruels hasards.
Ah! qu'une vieille cour à nos yeux est hideuse!!
On n'y parle jamais ni d'amour ni d'amans;
Qu'une princesse est malheureuse
D'y passer ses plus jeunes ans!
Que c'est une chose ennuyeuse
De ne voir que de vieux pédans!

La bibliothèque qu'elle avait rassemblée dans ce magnifique palais Bourbon qu'elle avait fait construire, et dont la plus grande partie a disparu pour être remplacée par le Palais Législatif, était riche et bien choisie. Ses livres se distinguaient par la magnificence des reliures, la plupart exécutées par Derôme et Padeloup. Ils étaient timbrés à ses armes: deux écus accolés, le premier, *de France, au bâton péri en bande de gueules*; le second, aussi *de France, au bâton péri en barre de gueules, qui est de Condé.*

## V

C'est à une princesse de Bourbon-Condé, sinon par sa naissance, du moins par son mariage, à Anne de Bavière, femme de Henri-Jules, prince de Condé, fils du vainqueur de Rocroy, que se rattache le souvenir d'une des plus belles ventes de livres qui ait eu lieu sous l'ancienne monarchie. Nous voulons parler de la vente de la bibliothèque du château d'Anet, en 1724, peu après la mort de cette princesse, veuve depuis le 1er avril 1709. Il n'est pas sans intérêt, pour l'histoire de cette admirable collection de livres, de voir comment la célèbre demeure de Diane de Poitiers était passée avec toutes ses richesses mobilières aux mains de la belle-fille du grand Condé.

Donnée d'abord par Philippe le Long, en 1318, à Louis, comte d'Evreux, son oncle, la seigneurie d'Anet avait été confisquée par Charles V, sur Charles le Mauvais, roi de Navarre, puis inféodée, par Charles VIII en 1444, à Pierre de Brezé, en récompense des services de ce seigneur contre les Anglais qu'il avait chassés de Normandie. C'est par son mari, Louis de Brezé, dont elle devint veuve en 1531, que Diane de Poitiers se trouva en possession de la seigneurie d'Anet, dont l'ancien château, reconstruit sur les plans de Philibert Delorme, orné par Jean Cousin et Jean Goujon, fut une des merveilles de l'art français au XVIe siècle (1552). A la mort de Diane, en 1566, Anet devint la propriété de Claude de Lorraine, duc d'Aumale, qui avait épousé, en 1547, sa seconde fille, Louise de Brezé à laquelle ce domaine était échu dans un partage fait du vivant même de Diane, en 1561, entre elle et sa sœur Françoise, duchesse de Bouillon. Son fils Charles de Lorraine, qui épousa en 1576 sa cousine germaine, Marie de Lorraine, fille du duc d'Elbeuf, hérita d'Anet, mais il dut le laisser vendre par ses créanciers, dont le principal était Marie de Luxembourg, duchesse douairière de Mercœur qui, en 1615, acheta Anet moyennant 400,000 livres. C'est par cette nouvelle propriétaire d'Anet que ce domaine passa aux Vendôme: César de Vendôme, fils de Henri IV et de Gabrielle d'Estrées, ayant épousé en 1609 Françoise de Lorraine, fille de la duchesse, et héritière de Philippe-Emmanuel de Lorraine, dernier duc de Mercœur.

Le dernier rejeton des Vendôme, le célèbre général dont les victoires affermirent la couronne d'Espagne sur la tête du petit-fils de Louis XIV, le légua à sa femme, Marie-Anne de Bourbon-Condé, petite-fille du grand Condé (1712). Cette dernière duchesse de Vendôme, que son mari n'avait épousée que pour faire sa cour à Louis XIV, et être relevé d'une disgrâce que ses mœurs trop relâchées lui avaient fait encourir, étant morte sans enfant, le 11 avril 1718, laissa Anet et son magnifique héritage à sa mère, Anne de Bavière, princesse douairière de Condé, Madame la princesse, comme on disait alors, qui mourut elle-même peu après, le 23 février 1723. L'avocat Barbier, dans son journal, dit à propos de cette mort: «Mardi 23, Madame la princesse de Condé, palatine en son nom et cousine de Madame, est morte dans son hôtel au petit Luxembourg, âgée de soixante-seize ans. Madame la princesse de Conti, sa fille aînée, à qui on avait refusé la porte la veille, a fait apposer le scellé le même jour par deux commissaires du Parlement.» Cette mort avait suivi de quelques semaines seulement celle de la duchesse d'Orléans, mère du régent, arrivée le 8 décembre 1722. Ces deux princesses, appartenaient toutes deux à la maison de Bavière, Madame à la branche électorale, la princesse à la branche palatine du Rhin.

Le goût que les propriétaires d'Anet, ducs de Vendôme, ou ducs d'Aumale, avaient pour les livres et pour les lettres, nous est attesté par un document infiniment précieux. C'est le *Catalogue des manuscrits trouvez après le décès de Madame la Princesse, dans son Château Royal d'Anet*, Paris, Gandouin, 1724. Il est impossible d'imaginer une plus rare collection de livres, et la note suivante, placée en tête de ce catalogue, reste fort au-dessous de la vérité:

Ces manuscrits sont sur vélin ornez de très-curieuses miniatures & autres ornemens, le tout très-bien conservé; et se vendront en gros ou en détail au commencement du mois de novembre prochain 1724, chez le sieur Pierre Gandouin, libraire, quay des Augustins, à la Belle Image.

Il y avait dix-huit mois qu'Anne de Bavière, princesse douairière de Condé, était morte, lorsque fut mis en vente ce trésor incomparable du château d'Anet, par suite du partage des biens des ducs de Vendôme, entre ses deux petites-filles, la duchesse du Maine et la princesse de Conti, toutes deux sœurs de la duchesse de Vendôme. Comme la bibliothèque d'Anet n'avait pu être formée par la princesse de Condé, pas plus que par sa fille la duchesse de Vendôme, entre les mains desquelles Anet n'avait existé à titre de propriété que pendant onze ans, de 1712 à 1723, c'est certainement aux Bourbons-Vendôme, et avant eux aux princes lorrains et à Diane de Poitiers, que revient l'honneur d'avoir réuni ces richesses littéraires, pour lesquelles le monument de Philibert Delorme était un si digne écrin.

Le catalogue de ces manuscrits forme une petite plaquette in-12 de 37 pages. L'exemplaire que nous avons eu sous les yeux appartient à la Bibliothèque Mazarine—n° 42884—où il a été désigné à tort, comme le «Catalogue de la princesse de Conti.» L'on sait que le titre de Madame la princesse, tout court, ne fut jamais porté sous l'ancienne monarchie que par la branche aînée de la maison de Condé, dont les Conti étaient la branche cadette. Il ne saurait y avoir de doute à cet égard, Anet n'ayant d'ailleurs jamais appartenu aux Conti. Ce catalogue, dont les articles ne sont pas numérotés, forme trois divisions: des manuscrits sur vélin, au nombre de cent soixante et onze; des manuscrits sur papier in-folio, au nombre de quatre-vingt-un; et des livres, la plupart in-folio (149 articles).

Des manuscrits sur vélin, il faudrait tout citer; nous nous contenterons cependant de noter ceux-ci:

*La Bible Ystoriaux*, translatée du latin en François par Pierre... doyen du Chapitre de Saint-Pierre d'Aire, remplie de belles miniatures bien conservées; *la même*, avec des miniatures très curieuses; *la même*, dont les miniatures surpassent celles des autres; une *Partie de la Bible en Provençal*, avec miniatures; *Chronique depuis la création du monde, jusqu'à J. César*, avec des miniatures très singulières; *les Histoires de la Terre sainte*, ornées de miniatures; *la Légende dorée*, avec un grand nombre de miniatures; *Recueil des Miracles de Notre-Dame*, en vers, deux gros vol. in-fol. remplis de beaucoup de miniatures; *la Guerre des Juifs de Joseph*, ornée de miniatures des plus curieuses, d'une grandeur énorme, bien conservée; *le Bestiaire*, par Richard de Furneval, avec de belles miniatures; *le Jardin de Paradis*; *l'Horloge de Sapience*: tous deux avec miniatures; *l'Arbre de Sapience*, avec quatre-vingt miniatures d'une excellente beauté, in-fol. en 1469; *Chroniques de France*, par J. Froissart, deux vol. sur vélin, reliez en velours vert avec des fermoirs dorez d'or moulu; ce ms. est orné de miniatures très belles qui représentent les modes et les usages de ce temps; *les Décades de Tite Live*, 3 vol. in-fol. avec miniatures, couverts de velours rouge; *Quinte-Curce*, avec de très belles miniatures; *Histoire de Jules César*, avec de très belles miniatures; *les Métamorphoses d'Ovide, en vers François*, rempli de beaucoup de miniatures; *Histoire de la destruction de Troyes*, par Benoist de Saint-More, en vers françois, avec une grande quantité de miniatures; *Compilation de l'Histoire Grecque et Romaine*, par Jehan de Courcy, trois exemplaires, tous avec très belles et grandes miniatures; *les Histoires d'Orose*, avec des miniatures singulières; *les Chroniques de Saint-Denis*, deux très gros vol. in-fol., ornés de miniatures; *les Triomphes de Pétrarque*, trad. par G. de la Forge, in-fol. dans lequel se trouve une miniature de la grandeur du volume, qui est d'une très grande beauté; Petrarcha, *de Remediis*, trad. par N. Oresme, avec de très belles miniatures; Jean Boccace, *Des faits des nobles hommes*, ms. de 1409, rempli de plus de 400 miniatures, le volume est d'une grandeur énorme; *Idem*, avec de très belles miniatures; *Poésies de G. de Loris*, in-fol. avec des miniatures; *le Jouvencel*, avec des miniatures d'une beauté parfaite; *Le Roman de la Rose*, deux exemplaires, chacun avec d'excellentes miniatures; *le Roman d'Alexandre*; *le Songe du vieil pélerin*, rempli de grandes et belles miniatures; *Histoire de Saint-Graal*, trad. par Luces du Chastel, ms. très ancien et rempli de beaucoup de miniatures; *les Nobles faits du chevalier Tristan, Ugalaad, Lancelot*, trad. par le même, in-fol. sur vélin d'une grandeur énorme, orné d'un nombre infini de belles miniatures très bien conservées; *le Roman de Tristan Le Bret*, trad. par Robert Boron, orné d'un nombre infini de petites miniatures très finies pour le temps, in-fol.; *Le Séjour du deuil pour le trépas de Messire Philippe de Comines, seigneur d'Argenton*, en vers, avec 17 miniatures en or d'une beauté achevée; *le Pèlerinage de vie humaine*, en vers, avec miniatures; *Fables d'Esope*, avec miniatures; *Explication des Actes des Apôtres, par un Frère prescheur, dédié à Jean de Laval, sieur de Châteaubriant*, orné de grandes et belles miniatures, etc.

Le château d'Anet échut en partage à la duchesse du Maine, et après la mort du comte d'Eu, son fils, passa à son cousin, le duc de Penthièvre, mais sa précieuse bibliothèque, formée par Diane de Poitiers, conservée avec soin et même accrue par la maison de Vendôme, eut une triste destinée. On ne trouva pas d'acquéreur pour cette admirable collection; elle fut dispersée. Beaucoup de volumes, dit M. Léopold Delisle, furent achetés par Denis Guyon de Sardière, dont la bibliothèque fut acquise, vers 1759, par le duc de La Vallière; plusieurs manuscrits furent adjugés à Cangé, à Lancelot et à d'autres amateurs, dont les cabinets contribuèrent dans la suite à l'accroissement de la bibliothèque du roi; un certain nombre passèrent à l'étranger.

La duchesse du Maine, qui hérita seulement du château d'Anet, aurait cependant été digne d'en posséder aussi la précieuse bibliothèque. Elle aimait, en effet, beaucoup les livres et tint à Sceaux une véritable cour littéraire.

Fontenelle, Malézieux, La Fare, Sainte-Aulaire, Chaulieu et, plus tard, Voltaire y firent avec elle assaut d'esprit.

La divinité qui s'amuse

A me demander mon secret,

Si j'étais Apollon ne serait point ma muse

Elle serait Thétis, et le jour finirait,

répondait un jour Sainte-Aulaire à la duchesse, qui l'appelait Apollon.

«La contrainte qu'il fallait avoir à la cour l'ennuya, raconte M$^{me}$ de Caylus; elle alla à Sceaux jouer la comédie et faire tout ce qu'on a entendu dire des nuits blanches, et tout le reste. M. le duc, son frère, pendant un temps prit un très grand goût pour elle: les vers et les pièces d'éloquence volèrent entre eux; les chansons contre eux volèrent aussi. L'abbé de Chaulieu et M. de La Fare, Malézieux et l'abbé Genest secondaient le goût que M. le duc avait pour la poésie.» Ces goûts littéraires ne l'empêchèrent pas de s'occuper de politique, comme le prouve cette conspiration de Cellamare dont elle fut l'inspiratrice. Souvent la littérature fut pour elle le masque de la politique; et l'emblème dont elle timbrait ses livres était aussi le signe de ralliement de ses alliés, les chevaliers de la Mouche à miel. Sur ses livres, en effet, étaient frappées des abeilles d'or, avec cette devise autour de leur ruche: *Piccola Si Ma Fa Pur Gravi La Ferite.* (Je suis petite, mais je fais cependant de graves blessures). Allusion à la petite taille de la princesse et à l'ordre galant de la Mouche à miel, qu'elle avait fondé en 1703.

De cette princesse bibliophile, nous rapprocherons deux filles du régent: cette galante duchesse de Berry d'abord, morte si prématurément en 1719, à vingt-quatre ans, veuve d'un petit-fils de Louis XIV, (Ses livres étaient nombreux et portaient pour armes sur les plats: *de France, à la bordure engrêlée de gueules, qui est de Berry, accolé d'Orléans*, et, sur le dos, le chiffre ML entrelacées): et Mademoiselle de Beaujolais (Philippe-Élisabeth d'Orléans), née en 1714, morte en 1734, sans avoir vu s'accomplir son union avec l'infant don Carlos, auquel elle avait été promise. Ses livres étaient timbrés d'un écu en losange, aux armes *de France, au lambel d'argent à trois pendants*, surmonté de la couronne ducale.

## VI

Une autre princesse de la maison de Bourbon, petite-fille de cette princesse de Condé dont nous avons parlé à propos de la vente d'Anet, mérite de prendre place parmi les Bourbons bibliophiles. C'est Louise-Elisabeth de Bourbon, princesse de Conti, née à Versailles le 22 novembre 1693. Elle était petite-fille du grand Condé, et le troisième des neuf enfants de Louis III, duc de Bourbon, dit Monsieur le duc, mort en 1710, et de Mademoiselle de Nantes, la caustique chansonnière. Elle avait pour frères le duc de Bourbon, premier ministre sous Louis XV, le comte de Charolais, d'étrange mémoire, et le comte de Clermont, qui fut à la fois abbé de Saint-Germain des Prés et général d'armée; pour sœurs cadettes, Mademoiselle de Charolais, Mademoiselle de Clermont, la touchante héroïne du roman de Mme de Genlis, Mademoiselle de Vermandois, qui faillit épouser Louis XV, et Mademoiselle de Sens, toutes mortes avant elle, ainsi que ses trois frères. A l'âge de vingt ans, elle avait épousé, le 9 juillet 1713, son cousin germain, Louis-Armand de Bourbon, prince de Conti, fils de ce prince de Conti si bien doué pour la guerre, élu roi de Pologne en 1697, et de Marie-Thérèse de Bourbon-Condé, sœur de la duchesse du Maine et de cette dernière duchesse de Vendôme dont nous avons vu hériter sa grand'mère, la princesse douairière de Condé.

Restée veuve, en 1727, d'un mari spirituel comme toute sa race, mais contrefait et peu fidèle, elle avait montré une âme forte, un esprit élevé et libre, dont avait hérité son fils, ce prince de Conti si cher aux parlementaires. Lors de sa mort, arrivée le 27 mai 1775, un an avant celle de son fils, un contemporain la dépeignait ainsi: «J'ai vu avec vénération la douairière de la maison, la princesse de Conti, plus qu'octogénaire et le seul reste de la vieille cour. Un air de majesté imprimé sur sa figure n'a pas besoin d'être relevé par le luxe des vêtements, par la pompe du cortège. Elle est remarquable dans toutes les fêtes par sa simplicité; elle a toujours été au-dessus de cet accessoire frivole: elle a l'âme forte, dégagée de préjugés.»

D'un autre côté, Mme du Deffand disait, en annonçant sa mort dans une lettre du 28 mai 1775, à Horace Walpole: «Mme la princesse de Conti mourut hier, à huit heures du matin; on en prend le deuil demain pour onze jours... Elle laisse tout son bien à partager selon les coutumes; on dit que M. le prince de Conti aura cent mille livres de rente; M. le duc de Chartres aura cinq cent mille francs, et Mme la duchesse de Bourbon, sa sœur, en aura autant. La maison de Paris était assurée de son vivant à M. le comte de La Marche, son petits-fils; elle ne fait aucun présent à personne.»

Cette princesse possédait une belle bibliothèque. Elle fut vendue, en 1775, à l'hôtel et au petit hôtel de Conti qui s'étendaient entre les rues Saint-Dominique, de Bourgogne et de l'Université: les mêmes qu'occupe aujourd'hui le ministère de la guerre. Le catalogue, qui en fut publié chez Prault fils, «libraire, quai des Augustins, près la rue Pavée, à l'Immortalité», contenait 1711 numéros, dont 138 pour la théologie, 27 pour la jurisprudence, 55 pour la philosophie, 35 pour la politique, 81 pour les sciences, 12 pour l'architecture, la peinture et les arts du dessin; 740 pour les belles-lettres, parmi lesquels la poésie française figure pour 54, le théâtre français pour 62; et 622 pour l'histoire, l'histoire de France en comprenant 223 à elle seule.

On retrouve la trace du quiétisme dont les doctrines avaient été un moment fort répandues à la cour et parmi les membres de la famille de Conti, dans deux ouvrages célèbres: *la Sainte Bible, traduite en françois, avec des explications et des réflexions qui regardent la vie intérieure*, Cologne, 1713 et 1714, 20 vol. in-8, et dont M^me Guyon est l'auteur, et dans le fameux livre du P. Quesnel, *Nouveau Testament en françois, avec des réflexions morales sur chaque verset, et le texte latin en marge*, Paris, 1696, 4 tomes en 5 vol. in-12. Dans cette section de la théologie, il faut encore mentionner: *les Cent cinquante Psalmes du prophète royal David, traduits en rythme françoise*, par Clément Marot, Paris, 1555; et les *Heures nouvelles dédiées à Madame la Princesse*, Paris, 1765, in-12.

Le premier prince de Conti, frère du grand Condé, après une jeunesse plus que mondaine, pendant laquelle il avait été très épris de théâtre comme le prouve la protection qu'il accorda à la troupe de Molière qui porta un instant son nom, s'était jeté dans la dévotion la plus rigoureuse, avait embrassé les doctrines de Port-Royal, et écrit, sous l'inspiration de ces Messieurs, des *Lettres sur la Grâce*, et un *Traité sur la comédie*, dans lequel il condamnait ce divertissement. Sa femme, Anne Martinozzi, une nièce de Mazarin, d'une remarquable beauté, avait aussi partagé ce zèle pour le jansénisme. De là un assez grand nombre de livres jansénistes dans cette bibliothèque. Ce sont:

*Le Parallèle de la doctrine des Payens avec celles des Jésuites, les Principes des Jésuites sur la probabilité, réfutés par les Payens*, 1726 et 1727, in-8, mar. r.; *de la fréquente Communion*, par Antoine Arnauld, Paris, 1656; *les Provinciales*, de Pascal, Francfort, 1716, pet. in-12; les *Pensées*, de Pascal, Paris, 1683, mar. doub. de mar. r., et enfin un ouvrage du premier prince de Conti: *Les Devoirs des grands*, par Monseigneur Armand de Bourbon, prince de Conti, avec son testament, Paris 1666, in-8, mar. rouge.

La princesse douairière de Conti ne semble pas d'ailleurs avoir hérité de ces sentiments jansénistes. Sa dévotion était fort mince, et elle passait plutôt pour un esprit fort, nous dirions aujourd'hui une libre-penseuse, auprès de ses contemporains. La façon dont les mémoires de Bachaumont annoncent sa mort laisse peu de doute sur ce point. «M^me la princesse de Conti, y lisons-nous, a fini hier. Elle voyait depuis longtemps approcher la mort avec une fermeté digne de son âme fière, courageuse et au-dessus des préjugés. Elle chantait peu d'heures auparavant la chanson faite sur le maréchal de Biron [à l'occasion de l'émeute sur les grains.]» Sa fille, la jeune duchesse d'Orléans, morte en 1759, et qui fut mère de Philippe-Egalité, avait fini dans les mêmes sentiments, qu'elle tenait, disait-on, de sa mère. «C'est sans doute à son école, dit *l'Observateur anglais*, que sa fille, la feue duchesse d'Orléans, avait puisé cette philosophie libre et ferme qui la fait descendre si gaiement au tombeau.»

Nous ne serons donc pas étonnés de rencontrer sur les rayons de la bibliothèque de la princesse de Conti: *la Morale d'Epicure*, Paris, 1685, par le baron des Coutures, dont elle a aussi la traduction de *Lucrèce*, Paris, 1708; l'*Ebauche de la religion naturelle*, traduction de *Wolaston*, dont Voltaire fit un si grand éloge dans ses *Lettres sur les Anglais*, en 1734; l'*Essai de philosophie morale*, Paris, 1749, par Maupertuis; l'*Essai sur les erreurs populaires ou Examen de plusieurs opinions reçues comme vraies qui sont fausses ou douteuses, traduit de l'anglois de Th. Brown*, Paris, 1713; *la Philosophie du bon sens*, La Haye, 1747, par le marquis d'Argens; *Histoire des diables de Loudun*, Amsterdam, 1694.

Ce serait pousser trop loin les conjectures que de voir dans chaque livre d'une bibliothèque une preuve des sentiments ou des opinions personnels de son possesseur. Cependant, d'après ce que nous connaissons de la tournure d'esprit, du caractère de la princesse de Conti, il est permis de croire que ce n'était pas seulement à titre de nouveautés et pour tenir au courant sa collection de livres qu'elle y avait placé, de Montesquieu: les *Lettres persanes*, Amsterdam, 1721, 2 vol. in-12; les *Considérations sur les causes de la grandeur des Romains et de leur décadence*, Amsterdam, 1734, in-12; *De l'esprit des lois*, Genève, 2 vol. in-4; et les *Lettres familières*, Paris, 1762, in-12, dans leurs éditions originales; Voltaire n'y est représenté que par: *la Ligue ou Henry le Grand*, par Fr. Arouet de Voltaire, Genève, 1723, in-8; l'*Histoire de Charles XII*, Basle, 1731, 2 vol. in-12; *le Siècle de Louis XIV*, par de Francheville, Berlin, 1752, 2 vol. in-12; *Micromegas*, in-12, v. m., tr. dor.; *Zadig, ou la destinée, histoire orientale*, 1748, in-12; *les Scythes*, Paris, 1767, in-8; *Tancrède*, *Charlot*, *l'Orphelin de la Chine* qui font partie de deux volumes de recueil factice; *Œdipe*, *Marianne*, *Brutus*, *l'Indiscret*, *Zaïre*, *Alzire* et la *Mort de César*, dans le second volume des *Œuvres*, Amsterdam, 1739, 2 vol. in-8. De Diderot, nous ne trouvons que son drame: *le Fils naturel*, 1757, in-8; de J.-J. Rousseau: le *Discours sur l'origine et les fondements de l'inégalité parmi les hommes*, Amsterdam, 1755, in-8; *J.-J. Rousseau à M. d'Alembert sur l'article* GENÈVE *dans l'Encyclopédie*, Amst., 1758, in-8, autrement dit: *la Lettre sur les spectacles*; *Julie, ou la Nouvelle Héloïse*, Amsterdam, 1761, 6 vol. in-12; les *Pensées de J.-J. Rousseau*, Paris, 1766, 2 vol. in-12.

Pour terminer avec les écrivains plus ou moins célèbres du XVIIIe siècle, il faut citer encore, de Buffon: l'*Histoire naturelle*, Paris, Imprimerie royale, 1749 et suiv., 17 vol. in-4, v. marb., filets; les *Œuvres diverses* de Fontenelle avec figures, Londres, 1710, 2 vol. in-12; les *Œuvres mêlées* de Moncrif, Paris, 1751, 3 vol. in-12, mar. r.; les *Contes moraux* de Marmontel, La Haye, 1761, 2 vol. in-12; les *Œuvres diverses* de Chaulieu et de La Fare, Amsterdam, 1733, 2 vol. in-8; les *Fables nouvelles* de La Motte, avec les figures de Gillot, Paris, 1719, in-4, gr. pap.; les *Œuvres* de Gresset, Genève, 1743, in-12, et 1751, 2 vol. in-12.

Mais c'est surtout en romans, et en histoires et mémoires qu'était riche la bibliothèque de la princesse de Conti.

La partie du catalogue relative aux romans comprend 336 numéros. Voici le dénombrement des plus remarquables par l'édition, par la reliure, ou par le mérite littéraire:

*Les Amours de Théagènes et de Chariclée ou l'Histoire d'Héliodore*, trad. en français par J. de Montlyard, avec les figures de Michel Lasne, Paris, 1623, in-8, couv. en parch.; *les Amours pastorales de Daphnis et Chloé*, trad. du grec de Longus en français par J. Amyot, avec des fig. gravées par Audran sur les dessins du régent, Amsterdam, mar. citr. doublé de tabis; *la Métamorphose ou l'âne d'or*, trad. d'Apulée par J. de Montlyard, Paris, 1623, in-8, fig.; *les Travaux de Persile et de Sigismonde*, trad. de Michel de Cervantès, par d'Audiguier, Paris, 1618, in-12; *la Constante Amarillis*, trad. de l'espagnol de Figueroa par N. Lancelot, Lyon, 1614, in-8, mar. bleu; *la Célestine*, trad. de Rojas, Rouen, 1634, in-8; *le Colloandre fidèle*, trad. de Marini, par G. de Scudéry, Paris, 1668, 3 vol. in-8, mar. bleu; *l'Aventurier Buscon*, trad. de Quevedo, Paris, 1639; *la Vie de Gusman d'Alfarache*, avec fig., Paris, 1696, 3 vol. in-12, mar. citr.; *Histoire facétieuse du fameux Lazarille de Tormes*, Lyon, 1697, in-12; *la Dianée*, trad. de l'italien de Loredano, Paris, 1642, 2 vol. in-12, parch.; *l'Almorinde*, de L. Assurino, Paris, 1646, in-8, mar. bleu.

Beaucoup de ces romans de la première moitié du XVII<sup>e</sup> siècle sont reliés en maroquin bleu ou rouge, et pourraient bien avoir formé la bibliothèque de la première princesse de Conti, nièce de Mazarin. Ce sont:

*La Haine et l'amour d'Arnoult et de Clairemonde*, Paris, 1709, in-12; *l'Astrée*, d'H. d'Urfé, Paris, 1618, 6 vol. in-8, v. f.; *les Amans jaloux*, de du Verdier, Paris, 1631, in-8; *Les Triomphes de la guerre et de l'amour*, par Humbert, Paris, 1631, in-8; *le Roman véritable*, Paris, 1648, in-8; *Clorinde*, Paris, 1667, 2 vol. in-8; *L'Amour dans son trône*, trad. de Loredano par du Breton, Paris, 1646, in-8; *Cassandre*, par La Calprenède, Paris, 1651, 10 vol. in-8, v. n., fil.; *Mithridate*, Paris, 1649, 4 vol.; *le Toledan*, Rouen, 1653; *Sapor*, par du Perret, Paris, 1668, 5 vol. in-12; *le Comte de Dunois*, Paris, 1671, v. éc., fil.; *La Princesse de Montpensier*, par M^me^ de la Fayette, Paris, in-8, mar. cit. doub. de mar. bleu; *La Relation de l'île imaginaire ou l'Histoire de la princesse de Paphlagonie*, par M^lle^ de Montpensier, 1659, in-8, mar. r. doubl. de mar.; *le Prince de Condé*, par Boursault, Paris, 1675, in-12; *Oracié*, (par M^lle^ de Senectaire), Paris, 1646; *les Amours historiques des princes*, par Grenaille, Paris, 1642; *La Promenade de Versailles ou l'Histoire de Celamire*, (par M^lle^ de Scudéry), Paris, 1669, in-8; *Don Pelage* (par de Juvenel), Paris, 1646, 2 vol. in-8; *le prince de Sicile*, (par M^lle^ Bernard), Paris, 1690, 3 vol.; *Elise*, par l'Evêque de Belley, Paris, 1621; *l'Iphigénie*, Lyon, 1625; *Palombe*, Paris, 1625, et les *Occurrences remarquables*, Paris, 1626, par le même, ainsi que tous ses autres romans; *la Maison des jeux*, par Ch. Sorel, Paris 1657, 2 vol. in-8.

La princesse de Conti lut-elle beaucoup ces œuvres, qui faisaient les délices de la société des Précieuses? On en peut douter. Elle se plut, en tout cas, certainement davantage aux romans du XVIIIe siècle, que nous trouvons presque tous dans sa bibliothèque, ceux de Le Sage: *le Diable boiteux*, *Gil Blas*, *le Bachelier de Salamanque*, *Estevanille*; de l'abbé Prévost: les *Mémoires d'un homme de qualité, avec l'Histoire de Manon Lescaut*, Paris, 1729; *Cleveland*, *Clarisse*, *Grandisson*; de Marivaux: *Marianne*, Amsterdam, 1745, *le Paysan parvenu*, Paris, 1734; comme les *Confessions du comte de ****, Paris, 1741, et *Acajou et Zirphile*, 1744, avec les figures de Boucher, par Duclos; *Tanzai et Néadarné*, Pékin, 1734, par Crébillon fils; comme ceux de La Place, du chevalier de Mouhy, de Mlle Lambert, de Mme Riccoboni.

Les manuscrits, sans être nombreux dans la bibliothèque de la princesse de Conti, n'y faisaient pas cependant défaut et quelques-uns sont intéressants à signaler.

C'est d'abord *le Roman de la Rose*, in-fol. ms. du XIIIe siècle, avec miniatures; puis les *Mémoires de Mlle de Montpensier*, 6 vol. in-fol. mar. r., dont manque le tome Ier; les *Mémoires de H.-A. de Lomenie, comte de Brienne*, in-fol.; *le Procès criminel fait à Louis de Bourbon, prince de Condé*, en 1654, in-fol.; *les Alliances de la maison de Bourbon*, in-fol.; une relation de l'ambassadeur vénitien Nic. Tiepolo: *Relatione del Signor Nic. Tiepolo Ristornato, Ambasciadere di Carolo V et Ferdinande Re de Romani per la Republica di Venetia l'anno 1532*, in-4. La partie des sciences occultes contenait aussi trois manuscrits assez curieux: un *Recueil de nativités, thèmes célestes, ou de figures d'astrologie qui contiennent l'horoscope de plusieurs personnes illustres de différentes nations et de différents tems*, in-4, couv. en parch.; un second *Recueil de quelques nativités violentes, avec des règles ou aphorismes pour juger de la mort violente*, in-4, couv. en parch.; et les *Prédictions du grand et sublime Docteur Théophraste Paracelse, trad. en François avec des remarques par M. Christallin, commis de la Bibliothèque de M. le Duc en 1712*, in-4.

Ce «Monsieur le duc», dont le nom figure sur ce dernier manuscrit, était Louis-Henri de Bourbon-Condé, arrière-petit-fils du grand Condé, né en 1692, mort en 1740, et qui fut premier ministre après la mort du régent. Il était le frère aîné de la princesse de Conti dont nous nous occupons.

Il ne nous reste plus à signaler que trois traductions manuscrites d'auteurs anciens: *les Nuées d'Aristophane*, in-4; *les Comédies de Térence*, 3 vol. in-fol., et *les Géorgiques de Virgile*, trad. en français par de Martignac, in-4. L'auteur de cette dernière traduction était Etienne Algay de Martignac, né en 1620, mort en 1698, qui fut attaché à la personne de Gaston d'Orléans, sur lequel il a écrit des *Mémoires*. Comme il publia, en 1681, une traduction complète des œuvres de Virgile en trois volumes, il est probable que nous en avons là une partie manuscrite. Peut-être aussi faut-il lui attribuer cette traduction de Térence qui précède, car il en publia plusieurs pièces sous ce titre: *l'Eunuque*, *l'Hecyre* et *le*

*Fâcheux à soi-même, de Térence, rendus très honnêtes en y changeant fort peu de chose*, Paris, 1670, 1700, in-12.

Un assez grand nombre d'incunables, quelques belles éditions du XVI^e siècle, et surtout une belle collection de pièces de théâtre dans leurs éditions originales, doivent être encore mentionnés pour achever la description de la bibliothèque de la princesse de Conti. Cette dernière collection, qui serait aujourd'hui si précieuse, formait cinquante volumes in-4, reliés en maroquin bleu, comme les romans du XVII^e siècle dont nous avons parlé plus haut. Chacun de ces volumes était composé de six pièces, sauf quelques-uns qui n'en contenaient que quatre ou cinq. Là se trouvaient réunies presque toutes les pièces de théâtre de Levert, Provais, Chapoton, du Cros, Gillet, Meret, Sallebray, des Cinq Auteurs, de Desmarets, Mareschal, Cadet, Chevreau, Claveret, Cyrano de Bergerac, Boyer, Puget de la Serre, Gilbert, Baro, Beys, Jodelle (avec les *Œuvres et mélanges* poétiques), Rosières de Beaulieu, La Fontaine, La Calprenède, Magnon, Jobert, Guérin de Bouscal, Grenaille, La Caze, Benserade, Metel d'Ouville, Le Vayer de Boutigny, Desfontaines, La Mesnardière, d'Ancour, P. Corneille (18 pièces), Scudéry, Rotrou (29 pièces), du Ryer (12 pièces), Bois Robert (10 pièces), Tristan, Scarron, de Prade, Regnault, Dalibray, de l'Etoile, M^lle Cosnard, Colletet, Monléon, Saint-Germain, Nouvelon, Le Clerc, Marcassus, Raissiguier, Bigrède, Brosse, Vozelle, Montfleury père, Quinault, Fremiele, J. Michel (*la Résurrection de Notre-Seigneur par personnages*, goth.).

Parmi les éditions du XVI^e siècle l'on remarque les suivantes: *l'Horloge des princes*, trad. de Guevara par B. de la Grise et Herberay des Essars, Lyon, 1592, in-18, mar. bleu; les *Eléments et principes d'astronomie*, par R. Roussat, Paris, 1552, in-8; *le Roland furieux*, trad. par Chappuys, Lyon, 1582-1583, 2 vol., fig.; *le Décameron* de J. Boccace, trad. par Le Maçon, Paris, 1545, in-fol.; *Histoires tragiques extraites de l'italien de Bandello*, par Boistuau et Belle-Forest, Lyon, 1582, 8 vol. in-16; *le Trésor des histoires tragiques*, de F. de Belle-Forest, Paris, 1581, in-16; *Histoires prodigieuses*, par Boistuau et Belle-Forest, Paris, 1598, 2 vol. in-16, fig.; *l'Heptaméron* de Marguerite de Valois, remis en son vrai ordre par C. Gruget, Paris, 1560, in-4, mar. r., doub. de mar.; *Histoire du noble Tristan, prince de Léonois*, trad. par Langevin, Paris, 1586, in-4; *Amadis de Gaule*, trad. de l'espagnol par Herberay des Essars, avec fig., Paris, 1548, 4 vol. in-fol., mar. r.; *le Premier livre de la chronique de Dom Floris de Grèce*, trad. par le même, Paris, 1552, in-fol., fig.; *Histoire de Palmerin d'Olive*, trad. du Castellan par Maugin, Paris, 1549, in-fol., fig.; *Histoire palladienne*, mise en françois par C. Colet, Paris, 1555; *le Premier livre de l'histoire de Gérard d'Euphrate*, Paris, 1549, fig.; *les grandes Annales de France*, par Belle-Forest, Paris, 1579, 2 vol. in-fol.; les *Mémoires* d'Olivier de la Marche, Gand, 1566, in-4.

Un certain nombre de livres étaient particulièrement remarquables par leur reliure ou par leur tirage, tels que: *les Statuts de l'ordre du Saint-Esprit*, Paris,

Imprimerie royale, 1703, in-4 grand papier, mar. bleu doubl. de tabis; *les Triomphes de Louis XIII*, représentés en figures par J. Valdor, avec les vers de Ch. Beys et de P. Corneille, Paris, 1649, in-fol., gr. pap., v. br., tr. dor.; *Recueil de lettres galantes*, Amsterdam, 1706, in-12, mar. bleu, doublé de mar. rouge; *Fables de La Fontaine*, ornées des figures d'Oudry, Dupuis et Cochin fils, Paris, 1755 et suiv., 4 vol. in-fol., gr. pap., mar. rouge, dent., avec cette note de l'expert: «On croit devoir assurer que cet exemplaire est des premiers de ce livre donné par souscription, en ce que les volumes ont été reliés au fur et à mesure de leur livraison»; la magnifique édition des *Œuvres de Boileau*, avec les figures de B. Picart, Amsterdam, 1718, 2 vol. in-fol., mar. rouge, dent.

Signalons, en terminant, un *Ronsard*, Paris, 1623, 2 vol. in-fol., v. f., filets; un *Du Bartas*, Paris, 1611, in-fol.; *la Satyre Ménippée*, 1595, parch.; les *Essais de Montaigne*, Paris, 1640, in-fol.; les *Œuvres de Molière*, avec figures, Paris, 1697, 8 vol. in-12.

## VII

La reine Marie Leczinska ne fut peut-être pas une bibliophile, bien que cette honnête passion eût pu adoucir les amertumes que lui causèrent les amours de Louis XV et la faveur de Mesdemoiselles de Nesle et de M$^{me}$ de Pompadour; mais elle aimait la lecture, et les lettres n'étaient pas chose étrangère dans le cercle intime d'amis qu'elle s'était formé, et où l'on distinguait la duchesse de Luynes, née Marie Brulart, l'aimable président Hénault, Fontenelle, Moncrif. «Le respect qu'elle inspire, a dit d'elle M$^{me}$ du Deffand, tient plus à ses vertus qu'à sa dignité; elle n'interdit ni ne refroidit point l'âme et les sens. On a toute la liberté de son esprit avec elle: on le doit à la pénétration et à la délicatesse du sien; elle entend si promptement et si finement, qu'il est facile de lui communiquer toutes les idées qu'on veut sans s'écarter de la circonspection que son rang exige.» La bibliothèque de cette princesse était peu nombreuse, mais d'un choix sévère. Les livres avaient été reliés par Padeloup; la plupart sont conservés à la Bibliothèque nationale.

Avec Mesdames de France, filles de Louis XV et de Marie Leczinska, nous sommes au contraire en pleine bibliophilie. Mesdames, et sous ce nom nous désignons seulement Madame Adélaïde, née le 23 mars 1732, Madame Victoire, née le 11 mai 1733, Madame Sophie, née le 27 juillet 1734, laissant de côté Madame Elisabeth, l'aînée, qui devint duchesse de Parme, Madame Henriette, sa sœur jumelle, morte de bonne heure, en 1752, et Madame Louise, la dernière des filles de Louis XV, entrée en religion du vivant même de son père. Mesdames, disons-nous, étaient toutes, comme leurs autres sœurs, instruites, intelligentes, pieuses, et portées à aimer le bien. Elles avaient eu pour gouvernante la vieille duchesse de Ventadour, qui avait rempli les mêmes fonctions près de Louis XV, ou plutôt la duchesse de Talard, qui eut cette charge en survivance, et M^mes^ de La Lande, de Villefort et du Muy pour sous-gouvernantes. L'éducation de Mesdames Elisabeth, Henriette et Adélaïde seules se fit à la cour; les autres filles de Louis XV furent élevées à l'abbaye de Fontevrault, où, en 1738, elles furent envoyées et placées sous la direction de l'abbesse, Louise de Rochechouart-Mortemart, femme de haute vertu et de grand mérite.

Madame Victoire n'en revint qu'en 1748, Mesdames Sophie et Louise en 1750. L'on peut dire que ce fut alors seulement que se fit leur véritable éducation. Le roi leur donna un excellent précepteur, M. Hardion, de l'Académie française. «Cet aimable et savant homme passait une heure avec chacune des trois sœurs, dit M. Ed. de Barthélemy, leur faisant des cours d'histoire et même de philosophie, d'après lesquels elles rédigeaient des extraits.» Il leur apprit également plusieurs langues, même le grec, et les avança assez dans l'étude des belles-lettres. Grandes liseuses, «elles faisaient, dit le duc de Luynes, des entreprises de grandes lectures dont elles venaient à bout.» Sur l'invitation de Madame Adélaïde, M. Hardion composa même pour cette princesse une *Histoire universelle sacrée et profane*, en 20 vol. in-12. L'on sait que c'est par elles que Beaumarchais, qui leur fut comme un maître de musique, se poussa d'abord dans le monde.

M^me^ Campan, qui avait été leur lectrice, nous a laissé d'elles, dans ses *Mémoires*, un portrait qui doit-être vrai, car on n'y remarque aucune flatterie: «Quand Mesdames encore fort jeunes, dit-elle, furent revenues à la cour....., elles se livrèrent avec ardeur à l'étude, et y consacrèrent presque tout leur temps; elles parvinrent à écrire correctement le français et à savoir très bien l'histoire. Madame Adélaïde, surtout, eut un désir immodéré d'apprendre; elle apprit à jouer de tous les instrumens de musique, depuis le cor, (me croira-t-on?), jusqu'à la guimbarde. L'italien, l'anglais, les hautes mathématiques, le tour, l'horlogerie, occupèrent successivement les loisirs de ces princesses. Madame Adélaïde avait eu un moment une figure charmante; mais jamais beauté n'a disparu si promptement que la sienne. Madame Victoire était belle et très gracieuse; son accueil, son regard, son sourire étaient parfaitement d'accord avec la bonté de son âme. Madame Sophie était d'une rare laideur... On assurait qu'elle montrait de l'esprit, et même de l'amabilité dans la société de quelques dames préférées; elle s'instruisait beaucoup, mais elle lisait seule; la présence d'une lectrice l'eût infiniment gênée.» Madame Louise, celle qui se fit religieuse à Saint-Denis, était plus passionnée encore que ses autres sœurs pour la lecture. M^me^ Campan la lui faisait cinq heures par jour; et comme ce n'était pas sans fatigue, la princesse lui préparait elle-même de l'eau sucrée, et s'excusait «de la faire lire si longtemps sur la nécessité d'achever un cours de lecture qu'elle s'était prescrit.»

Chacune d'elles avait les livres de sa bibliothèque, aux mêmes armes, c'est-à-dire *de France*, dans un écu en losange surmonté d'une couronne ducale. Seulement leurs livres différaient ordinairement par la couleur de la reliure: ceux de M$^{me}$ Adélaïde étaient en maroquin rouge; ceux de M$^{me}$ Sophie, en maroquin citron; ceux de M$^{me}$ Victoire, en maroquin vert. Nous possédons les catalogues manuscrits de ces bibliothèques. En tête du *Catalogue des livres qui forment la bibliothèque de Madame Victoire*, 1789, (Bibliothèque de l'Arsenal, manuscrit n° 6274), on lit cet avis:

Les livres de Madame Victoire occupent deux pièces dans le fond de son appartement, savoir: une au rez-de-chaussée contient deux corps d'armoires, dont six à droite, en regardant sur la terrasse, et seulement cinq à gauche, la sixième étant coupée à moitié par la porte d'entrée et formant une petite armoire séparée. Entre les deux corps, au fond de la dite pièce, est une armoire vitrée en glace au tain, laquelle renferme les livres Italiens et Espagnols. Les livres sont distribués sur huit rangs de tablettes, et, autant qu'on l'a pu, suivant l'ordre alphabétique. Les grands formats, considérés comme base, occupent les premières tablettes en bas, et les autres en montant de bas en haut. L'entresolle contient aussi deux corps de tablettes de huit chacun, et les livres y sont distribués suivant le même ordre et les lettres correspondantes.

Ce catalogue forme 274 feuillets in-folio. Un second, rédigé en 1777, (Bibliothèque de l'Arsenal, manuscrit n° 6275), comprend 121 pages. Le «*Catalogue des livres de la bibliothèque de Madame Adélaïde, 1786*», forme un volume in-folio, relié en maroquin rouge, dentelle, timbré de ses armes, de 425 pages, dont 37 pour la philosophie et la jurisprudence, 30 pour les arts et sciences, 36 pour la poésie, et 63 pour l'histoire (Bibliothèque de l'Arsenal, manuscrit n° 6277). En tête se voit un portrait à l'aquarelle de la princesse représentée en Minerve, assise devant un bureau. Un quatrième catalogue porte ce titre: *Catalogue de la bibliothèque de Mesdames à Bellevue*, 1789 (Bibl. de l'Arsenal, ms. n° 6276).

## VIII

La reine Marie-Antoinette eut plusieurs bibliothèques: une à Trianon, dont le catalogue a été publié, par Louis Lacour, sous le titre: *Livre du boudoir de la reine Marie-Antoinette*, Paris, Gay, 1862, in-16. Un inventaire de cette même bibliothèque, dressé par ordre de la Convention, a été publié, d'après le manuscrit de la Bibliothèque de l'Arsenal, par Paul Lacroix sous ce titre: *Bibliothèque de la reine Marie-Antoinette au petit Trianon.* Les livres en furent déposés, en 1800, à la Bibliothèque publique de Versailles, et les doubles vendus, en vertu d'une délibération du Conseil Municipal de cette ville. Un autre catalogue manuscrit en existe à la Bibliothèque nationale.

L'autre bibliothèque de Marie-Antoinette était aux Tuileries. Les livres en portaient, presque tous, soit au dos, soit sur les plats, au bas des armes, les initiales couronnées C. T. Ils furent transportés, en 1793, à la Bibliothèque nationale, où ils sont aujourd'hui.

Le catalogue en avait été dressé. Il forme un volume manuscrit, conservé à la Bibliothèque nationale, sous le n° 13001, du fonds français. Il comprend 146 pages in-4°, relié en veau brun marbré, fil. Les armes, aux deux écussons accolés de France et d'Autriche surmontés de la couronne royale, ont été grattées. Sur le titre intérieur: *Catalogue des livres de la Reine*, les mots *la Reine* ont été grattés. Dans une espèce d'avertissement placé au commencement de ce catalogue, on lit:

Le catalogue suivant n'a d'autre objet que de procurer [à la Reine] la facilité de mettre le doigt sur chaque livre sans être obligé de les chercher. J'en écarterai donc toutes les divisions et subdivisions qui pourraient l'embarrasser. Il s'agit simplement de guider ses yeux.

On y trouve de précieux renseignements sur la manière dont la bibliothèque de la reine était disposée.

Son cabinet de livres, y lit-on, est composé de dix armoires séparées chacune par une cloison, et chaque armoire contient huit tablettes ou rayons. Chaque armoire est marquée par une lettre de l'alphabet à commencer par celle que Sa Majesté a à sa main gauche en passant la porte par laquelle elle va de sa chambre dans sa bibliothèque. Cette armoire est désignée par la lettre A. Celle qui se trouve à droite de la même porte est l'armoire B, et ainsi de suite en faisant le tour jusqu'à la lettre K.

Ce catalogue est divisé en deux parties, la première où les livres sont inscrits par ordre de matière, la seconde par ordre alphabétique. Nous voyons que les divisions de l'ordre par matière avaient été faites par le roi lui-même. «Pour ces divisions, lisons-nous, on a suivi celles que le roi a indiquées lui-même, en faisant le premier arrangement des livres qui a épargné au bibliothécaire plus de la moitié de son travail.»

Les divisions sont au nombre de quatre: Religion, Histoire, Arts, Belles-Lettres.

La division de la Religion comprenait d'abord 53 articles, qui, plus tard, ont été portés à 69; l'Histoire, 140; les Sciences et Arts, 60; les Belles-Lettres, 93. Dans cette dernière division nous remarquons:

*Les Femmes illustres*, de Scudéry, ms. in-fol.; *les Principales aventures de don Quichotte*, représentées en 31 figures par Coypel, Picart, in-fol.; *la Princesse de*

*Clèves, Zaïde*, par M^me^ de La Fayette; *les Aventures de Télémaque*; *les Mémoires du chevalier de Grammont*, par Hamilton; *Gil Blas*, de Le Sage; *les Contes Moraux*, de Marmontel; de l'abbé Prévost, ses *Mémoires pour servir à l'histoire de la vertu*; presque tous les romans de M^me^ Riccoboni: *Fanny Butler*, *Miss Jenny*, *Juliette Catesby*, *la comtesse de Sancerre*, *Histoire du marquis de Cressy*; de Richardson, *Clarisse*, *Grandisson*; de Fielding, *Tomes Jones*, *Amélie*; *Gulliver*, de Swift; *Robinson Crusoé*; *les Contes de fées* de M^me^ d'Aulnoy; tous nos écrivains de théâtre, et la traduction de Shakespeare par Letourneur.

Il faut rapprocher de Marie-Antoinette, sa belle sœur, Madame Elisabeth, unie avec la reine de France dans la même tragique destinée. De dix ans plus jeune que Louis XVI, dernière des cinq enfants du Dauphin et de la princesse Josèphe de Saxe, Madame Elisabeth avait reçu une éducation sévère, sous la surveillance de la comtesse de Marsan, gouvernante des Enfants de France, et surtout de la baronne de Mackau, sous-gouvernante. C'est à leurs soins patients que fut due la transformation qui eut lieu dans le caractère de la jeune princesse, née emportée et violente: ce fut une répétition de ce qu'autrefois Fénelon avait fait pour le duc de Bourgogne. Et l'on ne peut s'empêcher de penser qu'en réformant ainsi la nature, l'éducation n'ait contribué à affaiblir dans les derniers Bourbons une énergie que les circonstances politiques allaient rendre si nécessaire. Moins vertueux, Louis XVI eut sans doute été un meilleur roi. Toutefois il est juste de dire, en ce qui concerne Madame Elisabeth, que si l'éducation en fit la plus vertueuse des princesses, elle laissa subsister en elle une énergie qu'on aurait souhaitée à son frère. Elle reçut de Guillaume Le Blond des leçons d'histoire et de géographie, suivit même assidûment les cours de physique de l'abbé Nollet. Le D^r^ Le Monnier, médecin des Enfants de France, et le D^r^ Dassy lui apprirent la botanique, dans les longues excursions qu'ils faisaient avec elle dans la forêt de Fontainebleau pendant les séjours de la cour dans cette résidence royale. La fille de la célèbre M^me^ Geoffrin, la marquise de la Ferté-Imbault, lui avait donné un goût très vif pour Plutarque, en composant pour elle une analyse des *Vies des hommes illustres.*

Devenue, à quatorze ans (1778), maîtresse de ses actions, elle s'était arrangé dans sa maison de Montreuil, près de Versailles, une vie toute d'étude et de charité pratique. Elle a pour «secrétaire ordinaire et de cabinet, Chamfort l'académicien; pour page, ce jeune Adalbert de Chamisso de Boncourt, que l'émigration jettera en Allemagne, et qui écrira plus tard le roman de *Pierre Schlemihl* (1814). Madame Elisabeth aima les livres; ceux de sa bibliothèque étaient élégamment reliés, timbrés d'un écusson en losange aux armes de France, surmonté d'une couronne ducale. La Bibliothèque de l'Arsenal en possède un, *l'Office de Saint-Symphorien*, qui rappelle les habitudes pieuses de la jeune princesse, et qui a dû l'accompagner bien souvent dans ses visites à sa paroisse. Cette église de Saint-Symphorien était celle de Montreuil: église très simple, assez laide, au style de temple grec, surmontée d'une sorte de pigeonnier carré, où sonnait une unique cloche, dont Madame Elisabeth avait été la marraine. Comme la maison de Montreuil n'avait pas de chapelle, la princesse s'y rendait à pied par les ruelles, souvent «par une crotte indigne», car l'accès en était difficile aux carrosses. C'est à propos de cette église qu'elle écrivait à M^me^ de Raigecourt, le lundi de Pâques: «J'ai l'air d'une vraie campagnarde: c'est que je suis à Montreuil depuis midi. J'ai été à vêpres à la paroisse. Elles sont aussi longues que l'année dernière, et ton cher vicaire chante *O Filii* d'une manière aussi agréable. Des Essarts a pensé éclater, et moi de même.»

Les seules fêtes de la résidence de Montreuil, nous ne voulons pas dire le château, étaient celles de l'étude et de l'amitié. Entre M^me^ de Mackau et son vieux maître Le Monnier, qui tous deux avaient une habitation voisine, la princesse passait des heures délicieuses. Le Monnier, raconte M^me^ d'Armaillé, associait Madame Elisabeth à ses recherches de botanique dans son jardin, à ses expériences de physique dans son cabinet. Le jeune Chamisso y assistait souvent à la suite de la princesse, et il en acquit des connaissances qui, plus tard, ne furent pas inutiles à sa carrière et à sa réputation. Chez elle nous voyons souvent Madame Elisabeth occupée à de vrais plaisirs de bibliophile. Plus d'une de ses matinées sont occupées à ranger ses livres. «Ma bibliothèque est presque finie, écrit-elle à M^me^ de Raigecourt, les tablettes se placent; tu n'imagines pas quel joli effet font les livres.»

## IX

Caroline de Bourbon, fille du roi François I^er^, roi de Naples, qui, en 1816, à dix-huit ans épousa le duc de Berry, clôt dignement cette liste des princesses de Bourbon bibliophiles. D'un esprit très vif, très naturel, aimant les lettres et les arts, la duchesse de Berry, même après l'assassinat de son mari, en 1820, resta la protectrice des artistes et des gens de lettres. Sa collection de tableaux, et la collection de livres qu'elle s'était formée au château de Rosny, furent également célèbres. Les événements de 1830 les dispersèrent l'une et l'autre.

La bibliothèque du château de Rosny fut une des mieux choisies, des plus élégantes, par ses exemplaires et par ses reliures, que l'on ait comptées dans la première moitié de ce siècle. Les livres en étaient presque tous timbrés sur le plat recto aux armes de la duchesse: *de France à la bordure engrêlée de gueules qui est de Berry, accolé des Deux-Sicile*; sur le plat verso, de son chiffre C couronné. La vente en eut lieu du 20 février au 23 mars 1837, dans la salle de la galerie de Bossange père, rue de Richelieu 60. Le *Catalogue* [3], où figurent, sur la feuille de titre, les armes de la Duchesse, très finement gravées en taille douce, entourées de la cordelière des veuves et de deux branches de lis, comprend 2,578 numéros pour les livres, et 74 pour les estampes. La théologie y forme 141 articles, la jurisprudence 36, les sciences et arts 445, les belles-lettres 565, l'histoire 1,163, les manuscrits 86, les lettres autographes 54.

L'auteur de la préface considère comme «superflu» l'éloge de cette bibliothèque, où «chaque article annonce presque toujours le plus bel exemplaire, enrichi de gravures, de portraits, ou d'une riche et élégante reliure. Les manuscrits doivent exciter la curiosité à un très haut degré. Depuis plus de 30 ans, ajoute-il, il ne s'était pas présenté de collection aussi précieuse, sous le rapport de l'antiquité historique; une grande partie de ces richesses ont été recueillies par le célèbre Pithou.»

Parmi les livres, on remarquait un *Rituel de l'Abbaye royale de Saint-Germain des Prés*, ms. sur vélin, pet. in-fol., offert à Anne d'Autriche dont il porte les armes; les *Roses* représentées en 170 dessins originaux de Redouté, peintes sur peau vélin, renfermées en six portefeuilles gr. in-fol., qui avaient coûté trente mille francs; l'*Herbier de l'amateur*, par Mordant de Launoy et Loiseleur Des Longchamps, avec 526 dessins originaux de Bessa, sur beau vélin, en six étuis; la collection d'estampes, connue sous le nom de *Cabinet du roi*, 24 vol. in-fol., épreuves de choix et de la plus parfaite conservation; *Peintures Persanes et Mongoles*, représentant des costumes, rel. orientale; les *Poésies de Malherbe*, Didot, 1777, in-4°, exemplaire unique, sur vélin; une curieuse collection de romans du commencement du XIX^e^ siècle, en éditions originales (330 numéros).

Des manuscrits, nous mentionnerons seulement le *Code Théodosien*, ms. du VI^e^ siècle, qu'une note de F. Pithou dit avoir servi à Cujas pour sa publication des Codes; le *Roman de la Rose*, ms. sur vélin, du XIII^e^ siècle; le *Roman de Gaides*, en vers, ms. de la fin du XIII^e^ siècle.

Dans un tome des *Œconomies Royales* de Sully, édition originale imprimée à Sully, se trouvait cette note de la main de la duchesse de Berry:

Le procédé de la Cour a certainement quelque chose de bien singulier. Ce serait un mystère absolument incompréhensible si l'on ne sçavait dans quelles variations est capable de se jetter un prince livré à l'irrésolution, à la timidité et à la paresse. En matière d'Etat rien n'est pire que cet esprit d'indécision. Il ne faut, dans les conjonctures difficiles, tout abandonner ni tout refuser au hasard, mais après avoir choisi un but par les réflexions sages et froides, il faut que toutes les démarches qu'on fait décident à y parvenir.

Le défaut de tous les esprits qui n'ont jamais embrassé que de petites et frivoles intrigues et, en général, de tous ceux qui ont plus de vivacité que de jugement, est de se représenter ce qui est proche de manière à s'en laisser éblouir, et de ne voir ce qui est loin qu'au travers d'un nuage.

Quelques livres, ayant appartenu à sa fille, Louise-Marie-Thérèse d'Artois, née en 1819, appelée jusqu'en 1830 Mademoiselle, et mariée, en 1845, à Charles III, duc de Parme, étaient timbrés de l'écusson en losange: *de France, à la bordure crénelée de gueules.*

Quelques années avant la mort de la duchesse en 1870, eut lieu une seconde vente de manuscrits lui ayant appartenu. [4] Cette collection avait été distraite de la première, et ne comprenait que 35 articles. La vente produisit 98,075. Un seul *Livre d'heures* fut adjugé au prix de 60,000 francs pour le Musée des Souverains.

## X

Le temps et plus encore les révolutions, ont détruit ou dispersé ces richesses. Ce qui en reste dans nos grands dépôts littéraires est, sauf un petit nombre, comme noyé et perdu dans la foule des livres vulgaires. Il est cependant un lieu privilégié, où l'on peut encore se faire une idée de ces belles collections royales, dont les débris sont aussi précieux par les souvenirs historiques qui s'y rattachent que pour l'histoire de cet art de la reliure qui atteignit en France une si admirable perfection. Nous voulons parler de Versailles. C'est à la bibliothèque de la ville de Versailles, si heureusement installée dans l'ancien Hôtel du Dépôt des papiers de la guerre, de la marine et des affaires étrangères, bâti de 1761 à 1762 par le père du maréchal Berthier, qu'il faut aller pour avoir une idée de ce que pouvaient être les collections littéraires des princes de la maison de France. Cette Bibliothèque, en effet, est en grande partie composée des bibliothèques privées du Roi, des princes et princesses de la famille royale, qui se trouvaient dans les appartements du château à l'époque de la Révolution.

## NOTES:

[1] On trouve dans l'excellent *Guide du Libraire antiquaire et du Bibliophile*, Ed. Rouveyre, 1885, in-8, de remarquables imitations, par Capé, de reliures aux armes royales de Louis XIII. Il faut aussi signaler, du même éditeur, les autres publications relatives à l'histoire de la reliure: *la Reliure ancienne*, avec introduction par G. Brunet, *la Reliure moderne*, d'Octave Uzanne, rédacteur en chef du *Livre*, *la Reliure de luxe*, par L. Derôme, et *les Reliures d'art de la Bibliothèque nationale*, par Henri Bouchot.

[2] Voir sur cette librairie de Jean, duc de Berry: Le Laboureur, *Histoire de Charles V*, p. 75; Barrois, *Bibliothèque protypographique*, 1830; comte de Bastard, *Librairie de Jean de France, duc de Berry*; P. Paris, *Bulletin du bibliophile*, 1837; Douët d'Arcq, *Revue archéologique*, t. VII; Hiver de Beauvoir, *Trésor de la Sainte Chapelle de Bourges*, 1855, et *la Librairie de Jean, duc de Berry, au château de Mehun-sur-Yèvre*, 1860; surtout M. Léopold Delisle, *Bibliothèque de l'Ecole des Chartes*, 4e série, t. II, et le *Cabinet des manuscrits*, t. I, p. 56.—Beaucoup des manuscrits du duc de Berry étaient ornés de ses armes: *de France à la bordure engrêlée de gueules*; de sa devise: *Le Temps venra*, et de son chiffre, formé d'un V et d'un E enlacés.

[3] Catalogue de la riche bibliothèque de Rosny, dans laquelle se trouvent les grands et beaux ouvrages à figures, tant anciens que modernes, publiés en France, en Angleterre, et en Italie, dont plusieurs sur peau de vélin, avec les dessins originaux (exemplaires uniques), une collection de quatre-vingt-dix manuscrits très précieux et de la plus haute antiquité, dont la vente aura lieu... par le ministère de Me Bataillard. *Paris, Bossange père, Techener et Bataillard*, in-8o de 264 pages.

[4] *Catalogue des manuscrits très précieux des XIIIe et XVIIe siècles composant la collection de Mme la duchesse de B**** (par M. Paul Meyer), *dont la vente aura lieu le mardi 22 mars 1864*; Paris, in-8, de 36 pp.